비싼 화장품이 팔리는 데는
이유가 있다

초판 발행 2025년 4월
지은이 서진영
책임편집 오혜교
디자인 이선영
펴낸곳 OHK
출판신고 2018년 11월 27일 제 2018-000084호
주소 경기도 파주시 회동길 219 2층
전화 1800-9386
이메일 soaprecord@gmail.com
홈페이지 www.r2publik.com

ISBN 979-11-94050-27-8

이 책은 저작권법에 따라 보호받는 저작물이므로 무단전재와 무단복제를 금지하며,
이 책 내용의 전부 또는 일부를 이용하려면 반드시 저작권자와 OHK의
서면동의를 받아야 합니다.

비싼 화장품이 팔리는 데는
이유가 있다

비싼 화장품이 팔리는 데는 이유가 있다

수십만 구독자인 인플루언서가
화장품을 SNS로 파는 시대

서진영 지음

ohk

| INTRO |

화장품 판매로
돈 버는 시대는 지났다?

거리를 지나다보면 흔히 마주치는 상점이 피부관리실과 미용실이다. 대부분이 여자 사장님이 혼자서 운영하는 1인 업장이다.

2022년 기준 국내 화장품 시장 규모는 약 33조 원, 그 가운데 전체 화장품 제조판매업자 중 92.8%가 연간 생산실적이 10억 원 미만인 소규모 기업이라고 한다. 뷰티 시장에서 1인 여성 사장들이 유난히 많다는 느낌은 우연이 아닌 것이다.

그런데 이 분들을 만나보면 대부분은 어떤 꿈이나 목표를 갖고 살아가기보다, 하루하루 매출에 급급한 생활을 하는 경우가 많다.

"경기가 너무 안 좋고, 손님이 없는데 무슨…유지만 겨우 하고 있는 거죠."
 사장님들께 "혹시 올해 매출 목표가 어떻게 되시냐"고 물어보면 벌컥 화를 내면서 이런 답변이 돌아온다. 현장을 돌아보면 생계형으로 뷰티 업종을 택한 사장님들이 꽤 많다는 걸 알게 된다.

공부하지 않으면 망한다

 이런 사장님들께 용기를 주고 싶었다. 뷰티 분야의 교육강사로 17년 넘게 일하면서, 기술과 경력은 많은데 매출이 오르지 않는 수많은 사장님들을 컨설팅하며 느낀 게 있다. 바로 공부하려는 의지와 잘 해보려는 노력만 있으면 어떤 업장이든 매출이 오를 수밖에 없다는 것이다.
 어떤 대단한 자본을 추가로 투자하거나 특별한 기술을 연마하지 않아도 된다. 사실, 자기 숍을 차릴 정도라면 5년 이상의 경력자인 사장님들이 대부분이다. 현장에서 그간 쌓아온 실무 경험만으로도, 고객의 니즈를 충족시키기엔 충분하다는 뜻이다.

 매출이 나오는 경우와 그렇지 않은 경우의 차이는 뭘까? 특히 피부관리숍처럼 서비스를 하며 화장품을 판매하는 경우에는 업장마다 매출 차이가 크다. 내가 현장에서 본 바에 따르면 기술

차이는 크지 않다. 영업력에 특출난 사장님이 따로 있는 것도 아니다.

스몰딜의 힘

그 차이를 만드는 건 단순하다. 바로 이렇게 매출이 나오는 숍의 사장님들은 고객에게 '스몰 딜(Small Deal)'을 잘한다는 것이다. 여기서 말하는 스몰딜이란 스몰딜은 "큰 거래(Big Deal)"에 대비되는 개념으로, 부분적이고 제한적인 타협이나 거래를 의미하는 무역 용어이다. 이를 화장품 판매 현장에 빗대어 보면, 고객에게 아주 작은 멘트 한 마디, 그리고 자신이 판매하는 화장품에 대한 남다른 해석을 통해서 매출을 올리는 '작은 노력'이다.

이 차이가 그렇게 클까? 그렇다. 아주 크다. 나는 교육강사로 전국 수백여개 매장을 돌면서 월 매출이 1000만원도 안 나오던 곳이 2배, 3배 이상 뛰는 걸 눈으로 목격했다. 이러한 스몰 딜 능력을 기르려면 단지 공부하려는 의지와 고객에게 한 발 더 다가가려는 노력만 있으면 된다. 심지어 돈도 들지 않으니 거의 공짜인 셈이다.

그런데 애석하게도 오늘날 뷰티 시장에는 이런 지식을 전파해주는 곳이 거의 없다. 수십만 구독자인 인플루언서가 화장품을 SNS로 파는 시대, 뷰티 편집숍에서 수많은 상품들이 경쟁하는 시대에도 고객들은 "그래서 이 화장품이 어디에 좋은 건데요?"라는 질문을 한다. 왜 그럴까? 화장품의 상품 정보는 많으나 정작, 화장품의 효능이나 활용에 대해서는 '구매 후기' 수준의 지식 외에는 정보가 전무하기 때문이다.

그런 와중에 쏟아지는 상품 중 인기에 편승해 잘 팔리는 제품을 팔아보려고 서로 치열한 경쟁을 펼치고 있는 이 상황은 모두가 지는 '치킨 게임'에 1불과하다. 잘 팔리는 상품을 가져다 가격을 조금씩 깎아서 파는 전략은 결국 손해로 이어질 수밖에 없다.

당신의 매출을 당장 10배 올려라!

내가 이 책에서 말하는 '스몰 딜' 전략을 배우면, 그 반대의 상황이 벌어지게 된다. 단가가 수십만 원이 넘는 화장품도 부드럽게 팔 수 있다. 여기서 말하는 '부드럽게'라는 뜻은 힘을 거의 들이지 않고 팔 수 있다는 뜻이다. 초저가 화장품 100개를 파는 것보다, 고부가가치 상품인 고가 상품 1개를 파는 게 훨씬 마진

율도 높다.

이 방법을 배우고 싶지 않은가? 그렇다면 약간의 노력을 기울여야 한다. 바로 배우고 내것으로 실천하겠다는 의지 말이다. 나는 그동안 중소형 화장품 브랜드부터 홈쇼핑, 온라인쇼핑몰까지 화장품 판매 및 유통에 관해 다방면의 경험을 했다. 팔리지 않는 모 브랜드를 살리기 위해서 인천에 있는 화장품 창고에 붙박이로 2주간 먹고 자면서 출근한 적도 있을 만큼, 화장품 매출에 관한 한 누구보다 많은 경험과 지식을 가지고 있다고 자부한다.

이런 내 경험이 절대적으로 옳은 건 물론 아니겠지만, 적어도 1인 숍을 운영하는 사장님들에게는 분명 큰 도움이 될 것이라고 생각한다. 바야흐로 마케팅의 시대이다. 온라인과 오프라인을 통틀어 전쟁과도 같은 매출 경쟁이 벌어지는 한복판에서 배움의 열정과 시간을 내는 건 쉬운 일이 아님을 나 역시 잘 안다. 그러나 어쩌겠는가? 앞으로 이 일을 10년, 20년 계속 하고 싶다면 공부가 필수다.

다만, 내 경험을 통해 압축시킨 경험치를 이 책에서 엑기스처럼 녹여서 풀어낼 작정이며, 불필요한 군더더기는 버리고 사장님들에게 필요한 지식만 압축해서 전달해보도록 하려고 한다.

필요한 준비물은 다만 펜 한 자루면 충분하다. 책을 읽는 틈틈이 메모를 하면서, 자신에게 적용할 방법을 생각해보기 바란다.

그럼 나와 함께 지금 이 여정을 시작해보자.

차례

INTRO   4

| PART 1 | 잘 파는 사장이 되려면 경험을 돈주고 사라 |

창업은 늦으면 늦을수록 좋다   15
처음부터 잘 파는 사람은 없다   20
중요한 것은 돈이 아니라 돈을 벌어다주는 경험이다   25
사람의 손길이 얼마나 닿느냐에 가치가 달라진다   31
스스로를 성장시키는 경험을 선택하라   36
세일즈보다 중요한 것은 '아는 것'이다   41
사업에 동기부여가 안 되는 이유   46
내가 경력관리를 하지 않았던 이유   52
독보적인 존재가 되는 법   57
당신에게는 생존 근육이 있는가   62
세상이 내가 가진 것을 원하게 하는 법   67

PART 2 — **화장품 사업으로 성공하기 위한 '테크트리'**

화장품으로 내 사업? 언제 창업해야 할까	75
창업하기 전에 미리 알아두어야 할 것	83
신생 브랜드의 매출을 키우는 방법	88
영업 역량은 시간에 비례한다	95
79만 원짜리 화장품을 파는 방법	105
허드렛일의 레버리지	108
화장품 판매는 영업이 8할이다	118
뷰티숍 사장님들을 위한 마케팅 노하우	124
좋아하는 일을 하라, 는 말에 대하여	132
실패에 대처하는 자세	135
모든 문제는 받은 것보다 더 주면 해결된다	140
배움은 최고의 동기부여다	144
기회를 기다리며 실력을 쌓아나가는 것	149
에필로그	154

가치를 먼저 제공하면 보상은 자연스럽게 따라온다. 남들이 하기 싫은 일을 하면 회사 사장의 입장에서는 그 궂은 일을 해내는 내가 제일 눈에 띌 것이다. 이것이 나에게 나쁜 일일까? 나는 그렇지 않다고 생각한다. 월급은 똑같이 받는다. 그리고 하루에 8시간 일 하는 것도 남들과 바를 바 없다. 그렇다면, 똑같은 시간에 성장의 밀도가 더 높은 사람이 되는 것이 더 유리한 것 아닐까?

PART
1

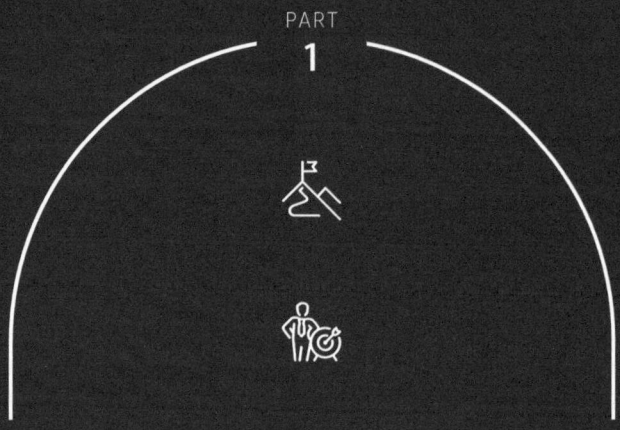

잘 파는 사장이 되려면 경험을 돈주고 사라

창업은 늦으면
늦을수록 좋다

나는 화장품을 공부한다는 게 생소했던 17년 전, 대학에서 화장품을 공부하고 뷰티숍에 취업한 뒤로 화장품 교육 강사로 중소기업부터 대기업을 가리지 않고 다양한 회사에서 일을 해 왔다.

그러다보니 화장품의 성분과 특징, 유통과 마케팅, 인력 관리부터 브랜딩 전략까지 모두 꿰고 있을 만큼 경험이 풍부해졌다. 나와 함께 화장품을 공부한 동기들이 뷰티숍을 창업하고, 화장품 판매 사업자로 변신할 때도 나는 우직하게 직장을 다녔다.

"너도 이제 슬슬 독립하지 그래?"

뷰티 분야의 중소기업 직장인의 뻔한 월급을 아는 친구들은 수시로 내게 조언했다. 하지만 나는 그럴 때마다 '롱텀 그리디'라는 말을 외쳤다. 미국에서 유명한 '마시멜로 게임'을 혹시 아는지. 지금 당장 마시멜로를 먹으면 2개를 받을 수 있지만, 잠깐 참았다가 일정 시간이 흐를 때까지 먹지 않으면 3개를 받을 수 있다면 당신은 어떤 선택을 하겠는가?

실험에서는 10명 중 8명이 지금 당장 마시멜로를 먹는 선택을 했다. 소수의 인원만이 참았다가 마시멜로를 3개를 받았다. 이 실험 결과가 놀라운 건 그 다음이다. 마시멜로를 참았다가 먹은 3명을 추적 관찰한 결과, 이들이 성인이 되었을 때 모두 사회적으로 성공한 인물이 되었다. 인내의 결실이 그만한 대가로 돌아온다는 것을 증명하는 실험이기도 하다.

경험이 쌓이면 보상이 커진다

화장품을 어느 정도 알 만한 시기가 되어, 이제 나만의 사업을 해보겠다는 욕심이 나라고 왜 없었겠는가? 하지만 나는 참았고, 참았던 이유는 더 큰 보상을 바라서였다. 그리고 지금 유럽 화장품 브랜드의 국내 법인 CEO가 된 나는 내 보상이 그 대가라고 생각한다.

브랜드를 직접 경영하며 나는 인사와 총무, 경영 전반을 배우면서 한 회사의 대표가 되는 마지막 훈련을 거치는 중이다. 그동안 화장품 숍을 오픈하거나 관련 분야에서 마케터로 일했던 친구들 중 대다수는 현재 가게를 정리하고 전업 주부가 되거나 다른 일을 하고 있다.

나더러 '고인 물'이라고 놀리던 친구들이 지금은 나를 부러워한다.

화장품 분야처럼 창업 실패확률이 높은 업종이 또 있을까. 그렇다고 지금 이미 창업해서 매장을 운영하는 사장님들을 비판하려는 건 아니다. 그들 중에서도 나름대로 분투하며 성장하거나 흔들림없이 매장을 유지하는 분들도 있다. 하지만, 성장하는 건 또 다른 문제다. 현재에 답보되거나 정체된 상태에 있다면, 즉 매출이 늘지 않고 아슬아슬하게 유지만 되고 있다면 언제 가게 문을 닫아도 이상하지 않은 상태라고 볼 수 있다.

공부하는 사장이 되어라

내가 말하고자 하는 건 공부해야 한다는 뜻이다. 내가 경력에 비해 비교적 높지 않은 연봉을 받으면서 중소기업부터 대기업까지 두루 경험한 이유는 딱 한 가지, 바로 '경험 지식'을 쌓기 위해서였다. 뷰티 분야만큼, 경험이 재산인 분야가 없다. 책상에서 화장품 성분과 상품 공부를 하는 것도 중요하지만, 그 상품을 고객한테 제안하며 말 한 마디 해보는 경험이 훨씬 더 귀중하다. 아마 현직에 있는 사장님들은 내 말이 무슨 뜻인지 잘 이해할 것이다.

공부를 한다고 해서 지금 당장 매출이 오르지 않을 수도 있다. 그러나 '롱테일 법칙'처럼 매출은 서서히 상승 곡선을 그릴 것이다. 내 경험상으로는 내가 교육한 단 한 명의 사장님들도 예외가 없었다. 실력도 좋고, 영업도 오래 해온 사장님이 매출이 늘지 않는 이유는 바로 이 때문이다. 그러니 오늘 부터 하루에 한 장이라도 좋다. 관련 분야의 책을 읽고 주변에 동종업계의 사람을 만나서 대화를 하자. 이야기를 듣는 것만으로도 훌륭한 공부가 된다.

현장 공부는 끝이 없다

화장품 브랜드의 CEO가 되어서 가장 좋은 점이 무엇이냐고 물으면, 망설임없이 이렇게 답할 것이다.

"화장품 유통회사, 브랜드 마케터, 인플루언서, 고객들과 다양하게 대화할 수 있는 거죠. 그 안에서 많은 인사이트와 매출을 높일 수 있는 노하우가 쏟아지니까요."

그러나 현재 뷰티숍을 운영하고 있는 여러분에게는 날마다 기회가 쏟아지는 것이다. 오늘 우리 가게에 온 고객 한 분 한 분이 나에게 소중한 가르침을 주고 있는 셈이다.

처음부터 잘 파는
사람은 없다

당연한 얘기지만 원래부터 어떤 일을 잘하는 사람은 없다. 안타까운 얘기지만 어떤 분야의 일을 좋아한다고 해서 그 일을 잘하게 되는 것도 아니다. 어떤 일을 잘하려면, 그만큼 노력을 하고 최소한의 자질이라는 게 필요하다.

경험은 일찍 할수록 좋다

나 또한 화장품 분야가 좋았지만, 이 분야에서 일을 하면서 배우기까지는 숱한 시행착오가 있었다. 처음에는 전문대를 졸업하고 피부과에 취업했다. 동기들이 다 피부관리실에 취업하거나 창업했지만 나는 좀 생각이 달랐다.

'단순히 제품을 팔기만 하면 나중에 경쟁력이 없다. 피부에 좋은 성분이 뭔지 알려면 피부과에서 일해봐야 해.'

피부관리숍에 취업하는 건 쉬웠지만, 나는 내가 원하는 규모의 피부과 병원의 채용공고가 나기를 차분히 기다렸다. 그리고 당시 지역에서 가장 큰 피부과에 어렵게 취업을 할 수 있었다. 내가 병원에서 일한다고 하니 가족들과 친구들은 모두 부러워했다. 당시 병원에 근무하면 안정적인데다가 보수도 나쁘지 않았기 때문이다. 하지만, 막상 피부과에 근무해보니 내 생각과 너무도 달랐다. 고객이 와서 설명을 하는 상담실 직원이었는데 고객에게 컨설팅을 하기보다는 똑같은 클렌징 방법으로 계속 반복 노동을 해야 하는 상황이었다.

피부관리실에서 손님들을 맞았다면 여러 얘기라도 들었겠지만, 피부과 고객들은 묵묵부답, 누워서 진료만 받고 돌아가는 이들이 태반이었다. 시간을 낭비한다는 생각이 들었다.

'그만둬야 하나...'

어렵게 취업한 피부과를 그만둘지 어떨지 망설이고 있던 찰나에 우연히 피부과에서 쓰는 화장품 교육 강사의 교육을 받게 되었다. 브랜드 본사에서 자사 제품을 홍보하기 위한 목적으로, 제품 설명을 해주는 교육 강사를 파견하는데 그때 '화장품 교육

강사'라는 직업을 알게 되었고, 이것이 내 인생을 바꾼 계기가 되었다.

공부를 하겠다고 결심한 이유

화장품에 대한 지식이 없을 때와 교육을 받고 난 이후에는 화장품 판매 매출이 확연히 달라지는 걸 보면서 '공부를 더 해야겠다'는 결심이 선 것이다. 그리고 과감하게 피부과를 그만두고 화장품 학과로 편입을 했다. 당시만 해도 화장품 학과가 있는 대학이 전국에 대구한의대와 중부대학교 이렇게 두 군데뿐인 시절이었다. 그렇게 화장품에 대해 더 깊은 공부를 하고 나서도 진로는 크게 달라지지 않았다. 함께 학부를 졸업한 동기들은 피부관리실에 취업하거나 화장품 회사에 취업했다. 주변에서는 "결국 4년제 대학을 나와도 취업은 다 똑같지 않느냐"고 나를 걱정했지만 내 생각은 달랐다.

나는 편입을 하고 나서 화장품 제조 실습을 배웠고, 이 경험과 지식을 살려서 에스테틱 화장품 브랜드에 입사할 수 있었기 때문이다. 그때 내가 입사한 곳이 당시 화장품 유통업체 중 가장 큰 기업인 정동 화장품이다. 그리고 이때의 경험이, 오늘날 내가 화장품 브랜드의 CEO로 일하게 된 밑거름이 되었다.

먼 미래를 내다보고 행동하기

세상을 살다보면 아주 작은 선택의 차이가 전혀 다른 결과를 만들어내는 경우가 있다. 특히 일과 관련된 선택에서 우리는 자주 눈앞의 이익을 위해서 남들고 비슷한 선택을 내리곤 한다. 선택을 하는 순간에는 그 선택이 아주 합리적이고 안전하게 보이지만, 그 선택이 옳았는지 여부는 그 순간이 아니라 먼훗날에 판명되기 마련이다.

그때 나는 당장 눈앞의 이득이 아닌 먼 미래를 보았고, "화장품 브랜드 CEO가 되겠다"는 내 목표에 최대한 가까이 다가가기 위해 노력했다. 결국 남들과 비슷한 선택을 한 것처럼 보여도 이런 내 선택이 옳았다는 걸 지금은 확신하게 되었다.

첫 직장인 화장품 유통사에 입사했을 때 남들보다 2~3배 일이 더 많았다. 처음에는 동기들이 "사람들이 하기 싫어하는 일만 신입인 나에게 떠넘겼다"고 사장님에게 말하라고 했다. 그런데 나는 오히려 이 부분이 일을 더 많이 배울 수 있는 기회라고 생각했다.

나에게 중요한 건 돈이 아니라 경험이었기 때문이다. 남이 하기 싫은 일을 해낸다는 건, 뒤집어 말하면 '그 일을 할 수 있는 사람이 나밖에 없다'는 뜻이기도 하니까.

중요한 것은 돈이 아니라 돈을 벌어다주는 경험이다

누구나 높은 연봉을 받고 싶고, 당장 나에게 돈을 벌어다 줄 화장품을 팔고 싶어 한다. 세상에 돈 욕심이 없는 사람은 단 한 명도 없다. 하지만 쉽게 간과되는 점 하나는, 돈이 벌리는 건 가치가 있는 상품이나 서비스에서 비롯되고, 돈을 잘 벌기 위해서는 '가치를 만들어내는 능력'을 먼저 길러야 한다는 것이다. 이 순서를 기억하는 것이 무척 중요하다.

먼저 가치를 입증하라

세상에 내가 가치 있는 사람임을 먼저 입증하고 나면 그 다음에는 높은 연봉이든 매출이든, 내가 원하는 경제적 보상이 자연스럽게 따라오게 마련이다. 이는 화장품 업계에서도 예외가 아니다. 하지만 그동안 내가 봐왔던 수많은 사람들 중에서는 먼저 돈을 좇아서 행동한 뒤에 가치를 만들어내려고 하는 식으로 하다가 실패한 이들이 너무나도 많다. 하지만 절대 그래서는 안 된다.

처음 피부관리실에서 일했을 때 내 월급은 고작 70만 원에 불과했다. 자취방의 월세와 교통비, 생활비를 내기에도 빠듯한 돈이었다. 돈을 모으는 건 언감생심이고, 하루 10시간 넘는 근무 시간을 생각하면 '피부관리실에서 굳이 일해야 하나?' 하는 생각이 들 정도였다.

하지만 나는 그때 당장의 월급은 중요하지 않다고 생각했다. 그보다 중요한 건 피부관리실에서 내가 보고, 듣고, 경험해서 얻는 지식이었다. 세상에는 돈을 주고도 얻지 못하는 경험이 있다. 아무리 피부관리실에 자주 드나드는 고객이 된다고 해도, 피부관리실에서 어떤 화장품을 어떤 이유에서 쓰는지, 손님들을 대하는 영업방식이 무엇인지는 배우기 어렵다. 직원으로 채용되어 이 모든 과정을 경험하고 배울 수 있는데다, 돈(월급)까지 준다고 한다면 오히려 내쪽에서 감사할 일이었다.

돌이켜보면 그때 내 생각은 딱 하나였다.

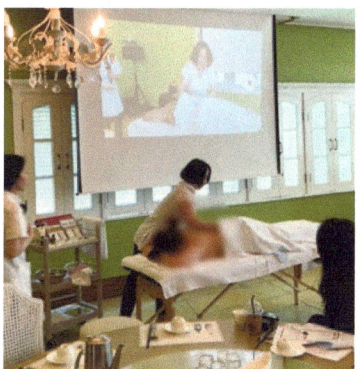

강사 시절의 모습.
실제로 고객에게 어떻게
시술해야 하는지 실습하는 형태로
진행할 정도로 열정과 에너지가 넘쳤다.

'빨리 다양한 화장품 브랜드를 익혀서 내가 상품을 제안할 수 있는 사람이 되어야겠다'

몸은 힘들었지만 새로운 지식을 배우고, 매일 다양한 고객을 만날 수 있는 경험 자체가 재밌었다. 재미있게 일하는 사람에게 그 이상의 보상이 있을까. 화장품 학과를 졸업한 동기들은, 상대적으로 안정된 직무 쪽인 '화장품 제조' 분야의 품질관리(QC) 파트로 취업을 했고 당연히 나보다 월급도 높았다.

하지만 나는 단편적으로 화장품 제조 분야를 깊이 파고드는 것보다 여러 브랜드의 상품 지식과 영업 전략을 경험하는 현장 쪽에 장기적으로 더 낫겠다고 판단했던 것이다. 화장품을 판매하는 숍을 운영하거나 화장품 브랜드를 운영하는 데 있어서 무엇보다 중요한 건 '폭넓은 경험'이다.

알다시피 뷰티 분야의 트렌드는 매우 빠르게 변한다. 올해 인기를 끈 아이템이 내년에도 그러리라는 법은 없다. 인기 브랜드 회사가 이듬해 문을 닫는 경우도 비일비재하다. 그만큼 고객이 취향과 유행이 빠르게 변하고, 마케팅이라는 요소가 좌우되는 분야가 뷰티 쪽이다. 그렇기에 그 변화 자체를 주시하고, 발 빠르게 움직일 수 있는 브랜드 교육 강사라는 자리는 나에게 가장 돋보이고 멋진 직업이라고 생각되었다.

긍정심이 생기면 보이는 것들

처음 당장 무언가 확신이 있어야만 선택할 수 있는 건 아니다. 무언가를 선택할 때는 두루뭉술하게 보이더라도, 막연해보여도 스스로에 대한 긍정심이 더 중요하다.

"나는 잘 될 거야"라고 스스로 되뇌이다 보면, 눈앞에 주어진 상황에서 다양한 선택지가 보이게 마련이다. 긍정심이 없는 경우와 비교해보면 최소한 4~5가지 선택지가 주어져 그 중에서 자신이 가장 확실하다고 느껴지는 방향을 선택하면 된다. 나는 이런 긍정심이야말로 자신감이라고 생각한다.

긍정심은 선택의 폭을 넓히는 것에서 그치지 않고, 기회를 만들어준다. 나는 첫 직장인 화장품 유통사에 입사했을 때 남들보다 2~3배 일이 더 많았다. 처음에는 동기들이 "사람들이 하기 싫어하는 일만 신입인 나에게 떠넘겼다"고 사장님에게 말하라고 했다. 그런데 나는 오히려 이 부분이 일을 더 많이 배울 수 있는 기회라고 생각했다.

나에게 중요한 건 돈이 아니라 경험이었기 때문이다. 남이 하기 싫은 일을 해낸다는 건, 뒤집어 말하면 '그 일을 할 수 있는 사람이 나밖에 없다'는 뜻이기도 하니까. 당장은 하기 싫은 일을 꾸역꾸역하는 것 같아도, 결국 시간이 흐르면 나에게 경쟁력으로 작용하리라는 걸 알았다.

내가 말하고 싶은 것은 이것이다. 어떤 상황이든, 그 상황이 아무리 최악처럼 보이든 그 안에서 '경험'이라는 가치를 만들어내는 건 우리 자신에게 달린 문제라는 것이다. 만약 누가 봐도

최악의 경험이라고 하는 그 속에서도, '다른 사람이 보지 못하는 가치'를 발견하고 이를 자신에게 이롭게 활용할 수 있는 사람이라면, 나는 그 사람이 화장품 숍을 하든, 개인판매자이든 혹은 화장품 회사에 다니는 직장인이든 분명 성공의 기회가 찾아올 거라고 생각한다.

선 가치제공 후 보상을 받기

가치를 먼저 제공하면 보상은 자연스럽게 따라온다. 남들이 하기 싫은 일을 하면 회사 사장의 입장에서는 그 궂은 일을 해내는 내가 제일 눈에 띌 것이다. 이것이 나에게 나쁜 일일까? 나는 그렇지 않다고 생각한다. 월급은 똑같이 받는다. 그리고 하루에 8시간 일하는 것도 남들과 바를 바 없다. 그렇다면, 똑같은 시간에 성장의 밀도가 더 높은 사람이 되는 것이 더 유리한 것 아닐까?

나는 그렇게 남들과 다른 선택을 하고, 남들과 다른 방향으로 진로를 결정해서 결국에는 남보다 유리한 위치에 서게 되었음을 부정할 생각이 없다. 먼저 가치를 제공하면, 나중에 받는 보상은 그 가치에 비해 한없이 크게 된다.

사람의 손길이 얼마나 닿느냐에 가치가 달라진다

요즘은 AI시대이다. 예전에는 정보의 비대칭이 심했고 따라서 전문지식을 먼저 습득한 사람의 권위가 우월했다. 지금은 아니다. 뷰티 분야에서도 이미 제품 간 경쟁력의 절대적 기준은 사라진 지 오래다. 이제는 '최고의 제품'이 아니라 '유일무이한 제품'이 살아 남는다. 이런 면에서 나는 앞으로도 에스테틱 화장품 업계의 비전을 밝게 보는 편이다.

여전히 많은 이들이 에스테틱 화장품과 일반 상품의 차이를 모른다. 화장품 편집숍이나 백화점에서 구입하는 일반 화장품의 경우는 일반인이 피부에 잘 맞는지, 또는 안전한 지 아닌 지 여부를 두고 제품을 구입한다. 반면 에스테틱 화장품의 경우, 상품의 '기능성'에 초점이 맞춰져 있다. 예를 들어서 여드름 관리 제품이라고 하면, 실제로 해당 제품을 사용했을 때 여드름이 치료가 되거나 증상이 얼마나 개선되는지 여부가 곧 제품 경쟁력이다.

소비자는 화장품을 잘 모른다

그럼 한 번 생각해보자. 이런 제품을 소비자가 제품에 대한 이해가 없는 상태로 쓸 수 있을까? 자기 여드름 증상이 얼마나 심한지, 또 그에 맞는 제품을 뭘 써야 하는지를 소비자가 스스로 판단하고 선택하기란 여전히 어렵다. 이런 이유로 화장품 판매 마케팅을 하는 인플루언서들도 유독 에스테틱 화장품 판매를 어려워한다. 그들은 "고객이 제품 정보가 아니라 제품을 어떻게 써야 하느냐고 물으면 할 말이 없다"고 난감해한다.

이때 필요한 사람이 바로 화장품 교육을 받은 전문 판매자이다. 피부관리숍의 경우 원장님이 바로 그런 사람일 것이다. 즉, 여기서부터는 제품에 대한 이해도와 브랜드 철학, 그리고 제품 판매를 하는 사람의 '상담' 능력과 '마케팅 능력'에 따라서 제품의 판매 여부가 결정된다. 다시 말해 '사람의 손길'이 필요한 것이다.

에스테틱 브랜드에 여전히 화장품 교육 강사가 필요한 이유이기도 하다. 어쩌면 끝도 없는 제품의 홍수 속에서 고객에게 필요한 화장품의 옥석을 가리고, 적합한 제품을 추천하고 사용법을 조언하는 '뷰티 컨설턴트'의 역할이 더 중요해진 것인지도 모른다.

스스로 경쟁력이 없다고
위축되지 말자

원장님들에게는 이 시장이 오히려 기회이다. 고객이 단순히 가격 비교만으로 제품을 구입할 수 없다는 것, 원장님의 컨설팅을 통해서 고가의 제품을 팔 수 있는 가능성이 열린다는 점이 중요하다. 일반 화장품은 무인 화장품 가게에서도 구입할 수 있지만, 에스테틱 화장품은 상담과 조언이 반드시 필요한 분야인 만큼, 원장님의 전문성에 자부심을 가져도 될 것이다.

중요한 것은 그렇다면 어떤 지식과 경험으로 무장할 것인가, 에 달려 있을 것이다. 지금 평범한 뷰티숍을 운영하는 원장님들, 중간 유통처에서 에스테틱 제품을 구입해서 판매하는 1인 판매자들은 어떻게 차별화된 경쟁력을 확보할 수 있을까.

다시 한 번 강조하지만, 그 답은 바로 '공부'에 있다. 단언컨대 앞으로는 대체의학을 공부하며 이를 화장품에 접목시켜서 고객에게 제안할 수 있는 전문가만이 살아남을 수 있을 것이다. 단순히 화장품 판매를 세일즈의 관점에서만 바라보는 사람은 도태될 날이 머지 않았다. 내가 오랫동안 화장품 교육 강사를 해보고 느낀 결론이다.

신기하게도 다른 사람을 가르칠 수록 스스로 배우는 것이 많아진다. 더 많은 원장님들을 교육하기 위해 나 스스로도 오랜 시간을 배움에 투자하다보니 깨닫게 된 결론이기도 하다. 공부하자. 무엇을 어떤 방향으로 공부해나갈지는 이 책을 읽는 분들이 속한 업계의 속성에 따라 다를 것이다. 다행히도, 우리 주변에는 업계를 이끌어나가는 수많은 사람들이 있다.

그들이 어떻게 고객을 만나는지, 어떻게 상품을 소개하는지 배우고 공부하자. 하다못해 TV 홈쇼핑에서도 쇼호스트가 제품을 어떻게 파는지를 배울 수 있는 기회가 있다. 그러니 앞으로 화장품 업계에서 자기 몫이 끝났다고 지레 겁을 먹고 포기할 필요는 없는 것이다.

아직, 우리에게는 나아가야 할 블루오션이 넓고도 깊다.

적극적이고 열심히는 하는데 어딘가 방향성 없이 맴도는 느낌 때문에 답답해하는 이들도 많다. 나도 그랬다. 그런 내 자신을 바꾸고 싶어서 고민했던 시간들도 꽤 길었다. 하지만 이런 답답함을 해결할 수 있는 뾰족한 방법은 의외로 간단했다. 그것은 최대한 많은 경험을 해보는 것이다.

스스로를 성장시키는 경험을 선택하라

 방금 선택에 대한 얘기를 했는데, 그동안의 경력을 돌아보니 나를 성장시키는 전환점이 되었던 선택은 "무엇이든 일단 경험해 보자"는 열린 마음에서 비롯되었던 것 같다. 지금보다 젊은 시절, 나는 원하는 것이 무엇인지 알지 못하는 편이었다. 아마 나와 같은 성격을 가진 사람들이 많을 것이다.
 적극적이고 열심히는 하는데 어딘가 방향성 없이 맴도는 느낌 때문에 답답해하는 이들도 많다. 나도 그랬다. 그런 내 자신을 바꾸고 싶어서 고민했던 시간들도 꽤 길었다. 하지만 이런 답답함을 해결할 수 있는 뾰족한 방법은 의외로 간단했다. 그것은 최대한 많은 경험을 해보는 것이다.

변화를 두려워하는 진짜 이유

만약 친구가 어느 날 갑자기 "살사 댄스를 배우러 가자"고 하면, 대부분은 망설일 것이다. 살사에 관심도 없고, 지금 이직이나 창업을 고민하고 있는 사람이라면 시간이 없어서라도 거절할 것이다. 나 역시 그랬다. 그런데 불현듯 이런 작은 변화를 거부하면서 새로운 내 모습을 기대한다는 것이 앞뒤가 맞지 않는다는 생각을 하게 되었다.

아마도 그때부터였던 것 같다. 주변의 작은 변화를 모두 수용하게 되는 것이. 평소 나답지 않다고 생각했던 여러가지 활동들, 예를 들어서 낯선 여행지에 가거나 관심이 없던 분야에서 새롭게 무언가를 배우는 것에 적극적으로 달려들었다.

그때부터 '열린 마음으로 무엇이든 경험해보자'는 것이 내 신조가 되었다.

PC방에서 아르바이트를 해본 경험이 화장품 판매에 어떤 도움이 될까? 고객을 직접 접객을 해본 사람과 그렇지 않은 사람의 차이는 크다. 내 경우는 대학시절에 아르바이트를 여러 가지 경험해본 것이 나중에 고객을 일대 일로 상담하는 데 큰 도움이 되었다.

그런데도 사람들은 왜 변화를 두려워 할까? 그것은 변화가 주는 위험의 범위가 넓거나 예측 불가능하기 때문이다. 예를 들어서 지금 안정적인 대기업에 다니고 있는 사람이, 어느 날 갑자기 회사를 그만두고 관심도 경험도 없는 자영업에 뛰어드는 것이 바로 이런 유형의 변화다. 이러한 변화는 얻을 것은 적고, 잃을 것은 많은 변화로 무모한 리스크를 감당하는 셈이 된다.

하지만 반대의 경우도 있다. 안정적인 공기업에 다니는 사람이 부업으로 화장품을 판다고 가정해보자. 이 사람은 전자의 경우처럼 화장품 판매에 자기 생존이 오가는 리스크를 감수하지 않기 때문에 오히려 과감하게 도전해볼 수 있다. 설령 화장품 판매에 실패한다고 해도 안정적인 직장이 있기 때문에 실패 후 타격이 크지 않다.

반면에 화장품 판매가 잘 되서 매출이 올라가면 수익은 크게 오른다. 기존에 직장생활을 하며 받는 급여에 더해서 추가 매출이 발생하기 때문이다. 이렇게 리스크를 최소한으로 줄이면서 기회를 최대한 활용하는 방식의 변화야말로 우리가 도전해야 할 변화인 것이다.

얻을 것과 포기할 것 결정하기

변화의 과정에서 고통이 없다면 거짓말이다. 어떤 성취를 얻기 위해서는 반드시 희생해야 하는 것을 알아야 하고, 희생해야 한다는 사실도 인정해야 한다. 교육강사 생활을 하면서 내가 고쳐야 할 부분은 '말투'였다. 표준어를 써야 하는 강사의 특성상 나는 어떻게든 사투리를 고쳐야 했는데, 경상도 사투리는 정말 고치기 어렵다. 말투를 고친다는 건 내 과거 인생을 바꾼다는 것과 맞먹는 것이다.

하지만 나는 이미 변화를 받아들이기로 결심한 이상, 말투를 바꾸기 위해 필사적으로 노력하기 시작했다. 표준어를 쓰면서 교육을 잘했던 팀장님을 쫓아다니면서 휴대폰으로 말투를 녹음하고, 집에 와서 그 말투를 그대로 따라하는 식으로 말이다. 그렇게 1년 만에 사투리를 완전히 벗어날 수 있었다.

변화를 추구하는 사람들의 특징

변화는 추구해나가는 것이고, 이런 변화를 추구하는 사람들에게는 공통점이 있다. 바로 스스로 성장하는 모습에 누구보다 큰 보람과 행복을 느낀다는 것이다. 나 역시 그런 유형의 사람이

필자가 화장품 강사로 교육을 하고 있는 모습.
화장품 판매에서 중요한 건 화장품을 어떻게 사용하는 것이 가장 좋은지, 고객에게 이를 전달할 수 있는 메시지라고 볼 수 있다.

었다. 누군가 나를 보면 "저 사람 일을 엄청 잘한다"라고 말하지는 않는다. 나는 그보다는 "볼 때마다 성장하는 사람"이라는 수식어가 좋았고, 그런 강사가 되려고 노력했다. 그러다보니 자연스럽게 매출은 올라갔고, 회사 내에서 입지도 탄탄해질 수 있었다.

세일즈보다 중요한 것은
'아는 것'이다.

화장품을 파는 데 가장 중요한 것은 무엇일까? 이런 질문을 주변에 던져보면 대부분 '마케팅'이나 '브랜드'를 말하는 경우가 많다. 물론 마케팅과 브랜드가 중요한 시대라는 점은 부인할 수 없다. 하지만 이는 표면적인 이유다. 보다 근본적인 질문을 해보면 다른 대답이 나올 것이다.

"화장품은 영업을 잘 해야 팔리죠."
뷰티숍에 있는 사장님들은 이렇게 말한다.

"결국 상위노출과 광고비 아니겠어요?"
화장품 마케터들은 이렇게 말한다.

자신이 맡은 포지션에 따라 답이 전부 다르다. 하지만 내가 생각하는 답은 이렇다.

'화장품 판매에서 중요한 건 '지식'이다.'

아는 것이 힘이라는 말이 뷰티 카테고리만큼 묵직한 분야가 없다. 여기서 말하는 지식이라는 건 화장품을 어떻게 사용하는 것이 가장 좋은지, 고객에게 이를 전달할 수 있는 메시지라고 볼 수 있다.

이는 단순히 세일즈나 마케팅과는 구분되는 지식이다. 해당 브랜드나 화장품에 대해 깊이 생각하고, 또 다각도로 고민했을 때 고객에게 맞는 화장품을 제안할 수 있기 때문이다. 그리고 이 과정에서 수반되는 행위가 바로 '상담'이다.

상담과 세일즈는 어떻게 다를까?

세일즈는 이미 결정된 내용으로 판촉 행위를 하는 거지만, 상담은 고객에게 '솔루션'을 주는 것이다. 예를 들어보자.
세일즈맨은 A라는 제품을 고객에게 더 많이 파는 것이 목표다. 그렇기 때문에 한 가지 제품을 추천하다가도 다른 제품을 추천하기도 한다.

하지만 화장품 지식이 깊고 상담 경험이 풍부한 사람은, 다른 방식으로 접근한다. 예를 들어서 수분 크림의 경우 한 제품을 오래 쓰는 것이 고객에게 훨씬 효과적인데 이를 모른다면, "화장품이 효과가 없다"는 고객에게 이것저것 추천하기 바쁠 것이다.

그렇다면 어떻게 해야 화장품 지식이 늘어날까? 알기 위해서는 배워야 하고, 배움이 많아지려면 자주 들어야 한다. 요컨대 최대한 많은 고객과 업계 사람을 만나보는 것이 중요하다. 나 역시 그동안 한 직장에서 근무한 연수가 3년을 넘긴 적이 없다. 어떤 사람은 이를 한 직장에 오래 머물지 못하는 단점으로 치부할 수 있지만, 나는 철저히 전략적인 차원에서 일부러 이직을 했다. 덕분에 남들이 10년 동안 한 분야에 대한 지식만 알 때, 나는 홈쇼핑과 브랜드, 온라인몰 등의 특징과 장단점에 대해 모두 파악할 수 있었던 것이다.

설명하는 능력의 중요성

한 브랜드 회사에서 근무할 때의 일이다. 수입 화장품을 판매하는 회사였는데, 주로 상품을 가져다 쓰는 곳은 뷰티숍 원장님들이었다. 본사에서는 원장님들의 상품 이해를 돕기 위해 주기적으로 세미나를 개최했다. 보통 외국 브랜드의 세미나가 열리면 외국인 강사가 와서 영어로 설명을 한다. 하지만 이를 알아듣는 원장님들은 거의 없다. 그럼에도 회사는 관행을 이유로 외국인 교육강사의 브리핑을 기계적으로 반복하기만 했다.

'이래서는 제품 매출이 늘어날 수가 없겠는데?'

이렇게 판단한 나는 회사에 "제품 소개를 내가 한국어로 직접 하겠다"고 제안했다. 회사에서는 처음에 그렇게 하는 것이 얼마나 효과가 있을지 알 수 없다는 이유로 만류했지만, 나는 "근무시간에 방해가 되지 않게 내가 별도로 공부를 해서 시범을 보이겠다"고 말했다. 그리고 다음 번 제품 설명회 때 외국인 강사의 발표가 끝난 뒤 별도로 원장님들을 모아놓고 한국어로 발표를 했다. 반응은 어땠을까?

원장님들은 열렬히 호응했고 해당 제품은 이후에 매출이 2배 이상 올랐다. 내가 프레젠테이션을 한다고 했을 때 회사에서 의구심을 가졌던 포인트가 있었다.

잘못된 전제 → "설명을 잘한다고 화장품이 팔리는 게 아니야"

올바른 제안 → "화장품을 잘 이해하고 있어야 판매도 잘 되지!"

결국 매출이라는 결과를 놓고 보면 제 제안이 잘 맞아 떨어졌다고 볼 수 있다. 한 번 그런 경험을 하고 나니 공부에 더 열을 올릴 수밖에 없었다. 나는 이후 새로운 분야를 경험하고 위해 다양한 회사에서 근무했다. 지금 내가 원하는 매출이 나오지 않을 때는 이렇게 생각해보자.

'지금이 바로 변화가 필요한 시기이구나.'

이런 생각의 확신이 든다면 희망의 빛이 조금씩 보이기 시작할 것이다. 광고비를 올리는 것보다, 세일즈를 잘하는 것보다 중요한 것은 바로 화장품을 잘 아는 지식과 경험이다.

사업에 동기부여가
안 되는 이유

화장품 업계에 있다면, 마음 맞는 동료를 만나는 게 결코 쉽지 않다는 걸 알게 된다.

회사에서는 매일 일을 쳐내느라 바빠서 업계 동료들과의 네트워킹이 쉽지 않고, 개인 판매자로 독립한 이후에는 매출 고민을 하느라고 나날이 지쳐간다. 그럴 때는 자연스럽게 동기부여가 식어가고, 자기 만의 생각에 고립되게 마련이다. 급기야는 혼자서 이렇게 생각하게 된다.

'그래, 어차피 다들 각자 사정이 있는데 협업이 될 리가 없지.'
'어차피 지금 경쟁 포화인데, 신상품이 팔릴 리가 없지.'
'상품 가격이 이렇게 비싼데 팔릴 리가 없지.'

만약 여기까지 생각이 닿게 되었다면, 진짜 큰 일난 것이다. 이런 말들이 모두 맞는 말이기 때문이다. 사람은 자기가 믿는 대로 결과를 거두게 된다.

상황에 갇혀버리는 위험

신제품을 개발하거나 런칭을 하게 되면, 당연히 성공보다는 실패의 위험이 높다. 업계에서 이직을 하게 되더라도 마음에 맞는 회사를 만나기보다는 마음에 안 드는 회사를 만날 가능성이 높다. 회사에 입사해도 마음에 맞는 상사가 있을까? 없다. 대부분 내가 그 회사, 그 상사에 맞춰야 하는 상황이 찾아온다. 그런데 내가 내 안에 갇혀 버려서 이 모든 일이 지긋지긋해진다면? 어떻게 될까? 자연스럽게 경쟁의 장에서 도태되거나 낙오된다. 너무나도 자연스러운 수순이다.

뷰티 업계의 많은 이들이 이런 딜레마와 슬럼프를 겪는다. 하지만 결코 나만 혼자 이런 일을 겪는 게 아니라는 걸 알아야 한다. 창업이든 취업이든 이직이든, 내가 아는 한 10명 중 8~9명은 2~3년 안에 고비를 겪고 이 일을 그만둘 지 말 지를 고민한다. 이런 상황에서는 신제품을 런칭한들, 새로운 프로젝트를 맡는다고 한들, 일이 잘 풀릴 리가 없다. 내가 말하는 '리스크'는 바로 이런 상태이다.

슬럼프에서 빠져나오기

누구나 이런 슬럼프 상태를 겪고 있고, 대부분 적어도 한 번 이상은 이러한 슬럼프를 탈출해본 경험이 있다. 그러니 나만 그런 거라고 착각하지 말자. 슬럼프에 빠졌을 때, 어떤 일이든 하고 싶지 않을 때는 빠르게 그 상황을 탈출하는 수밖에는 없다. 나는 그렇기 때문에 여러 사람을 만나거나 이직을 하라고 조언한다.

"너무 쉽게 포기한다"거나 "끈기가 없다"는 말을 주변에서 들어도 기죽지 말자. 중요한 것은 내가 원하는 것을 끝까지 찾을 건지, 아니면 그만둘 지니까. 직장에서 마음에 맞는 사람이 없다면, 그런데도 배울 게 없다면 과감하게 이직하자. 이직을 두 번, 세 번 해서 조금 더 나은 상사나 동료를 만날 수 있다면, 나는 몇 번이고 이직해야 한다고 생각한다. 그 과정에서도 적잖은 배움을 얻게 된다.

만약 화장품을 파는 셀러로 독립했다면? 잘 팔리는 상품을 찾을 때까지 몇 번이고 마케팅을 시도해야 한다. 단 번에 '대박'

이 나는 상품이 어디 있는가. 그렇게 도전하고 노력하는 과정에서 한 가지 상품이 발견되고, 그 상품 매출이 회사를 살리는 것이다. 그간 10년 넘게 업계를 경험해보니 그렇다. 정확히 내가 원하는 결과를 얻을 때까지는 우직하게, 무식하게 버티는 게 좋다. 물론, 이 과정은 항상 의미와 배움이 있어야 한다는 점을 기억하자.

일을 찾아서 하라

돌이켜보면 나는 일이 힘들 수록, 하기 싫을 수록 일을 더 많이 했던 것 같다. 일을 더 할 수 없다면 주어진 일을 '변형'해서라도 무언가를 배우려고 했다.

화장품 브랜딩은 꼭 온라인에서 해야 할까? 이런 의문이 들어 어떤 때는 뷰티 매거진에 기사를 내보자는 아이디어를 내기도 했다. 회사에서는 그 전까지 아무도 그런 식으로 홍보한 적이 없다고, 또 효과를 알 수 없다는 이유로 안 된다고 했지만 나는 내 돈을 써서라도 광고 효과가 있는지 테스트해보고 싶었다. 회사에서 맡은 일을 모두 하고 난 뒤에는, 회사 내부의 자료를 뒤져서 하나라도 교육 자료로 만들기 위해 애를 쓰기도 했다.

노력이 모두 결실을 맺는 건 아니다. 어떤 건 처참한 실패로 돌아가기도 하고, 어떤 일은 안 하니만 못하는 일이 되기도 한다. 그래도 계속해야 한다고 생각한다. 시간의 힘을 믿고 내가 뿌린 씨들 중 일부는 화려하게 열매를 맺을 거라는 믿음을 갖고 도전해야 한다. 그러니 오늘 하루, 내가 할 수 있는 일, 해야만 하는 일을 시도하는 것만이 의미가 있다.

스노우볼 효과를 믿자

물론 이런 일련의 노력들이 모두 결실을 맺는 건 아니다. 어떤 건 처참한 실패로 돌아가기도 하고, 어떤 일은 안 하니만 못하는 일이 되기도 한다. 그래도 계속해야 한다고 생각한다. 시간의 힘을 믿고 내가 뿌린 씨들 중 일부는 화려하게 열매를 맺을 거라는 믿음을 갖고 도전해야 한다. 그러니 오늘 하루, 내가 할 수 있는 일, 해야만 하는 일을 시도하는 것만이 의미가 있다.

이때 중요한 것은 주변의 눈치를 보지 않는 것이다. 다른 사람을 의식하게 되면 올바른 선택도, 결정도 내리기 어렵다. 오직 나 스스로를 위한 결정을 내리는 것이다. 이런 태도가 습관이 되고 시간이 흐르면 놀라운 힘이 된다. 그것은 다름 아닌 내가 나 스스로를 존중하기 시작하는 것이다. 나 스스로가 존재감이 커졌다는 확신을 갖는 순간이 온다.

내가 경력관리를
하지 않았던 이유

회사 생활을 하고 어느 시점이 되면 자연스럽게 '커리어 관리'라는 걸 하게 된다. 내가 원하든 원치 않든, 자의반 타의반 내 경력은 일련의 스토리가 되어 다른 사람에게 평가를 받게 되는데 특히 이직 시점에서 면접을 보게 되면 이런 경력관리에 대한 질문을 자주 받는다.

"진영 씨는 왜 이렇게 직장을 자주 옮겨다녀요?"

젊을 때 내가 이직 면접에서 가장 많이 들었던 얘기다. 솔직히 사회 경험이 없을 때는 이 질문에 뭐라고 답해야 할 지가 애매했다.

'그냥, 더 재미있는 일을 해보고 싶어서요.'

'회사 사정이 어려워져서 퇴사 했네요.'

보통 퇴사의 변명이라는 게 이렇지만, 어느 순간부터는 솔직하게 내 생각을 밝히게 되었다.

"저한테는 커리어 관리보다 제 스스로 성장할 수 있는 회사를 찾는 게 더 중요해서요."

물론 이런 대답은 사람을 뽑는 쪽에서 기대하는 대답은 아니라는 걸 안다. 하지만 나는 회사에 취업되기 위해 거짓말을 하고 싶지는 않았다. 그만큼 나 스스로를 존중했기에 이런 나를 존중해줄 수 있는 회사에서 일하고 싶었다.

이직을 할 지 고민될 때

가끔 후배들이 내게 물어올 때가 있다.

"선배님, 저 이직을 하고 싶긴 한데 이직을 할지 말지가 고민이에요."

그럴 때 나는 이렇게 대답해준다.

"이직을 하고 싶은 이유가 조건 때문이야, 아니면 성취감 때문이야?"

단순히 연봉이 불만족스러워서 이직을 고민한다면, 일찌감치 경력관리를 진지하게 해야 한다. 나는 이 노선을 택하지 않았기에 딱히 조언해줄 만한 말이 없다. 이직하는 회사가 좋은 조건에 대우를 해주고, 현재보다 일이 적어서 편하게 다닐 수 있겠다면 이런 이직은 반대하고 싶다.

반대로 이직하려는 이유가 '현재 맡은 일에서 성취감을 느낄 수가 없어서'라면 과감하게 이직을 권하고 싶다. 일을 더 많이 하고 경험을 더 쌓기 위해서라면 지금보다 작은 회사라도 과감하게 이직하라고 말해준다. 길게 보면 경험을 쌓는 것이 연봉을 많이 받는 것보다 중요하니까.

연봉보다 일을 선택하라

내 경우는 '지금 회사보다 일을 2~3배 더 할 수 있는 회사'라고 판단되면 연봉을 따지지 않고 주저없이 이직을 했다. 이직 후 몸은 고생했지만 배우는 점이 훨씬 많았고, 이는 누구와 비교해도 손색이 없는 실력을 만들 밑거름이 되어 주었다.

어쩌면 나는 워커홀릭, 먹고 사는 문제 외에는 일밖에 모르는 사람인지도 모른다. 하지만 워커홀릭으로 사는 게 나쁘지 않다고 생각한다. 처음 사회생활을 시작할 때는 뭣도 모르고 비교대상이 없었기에 다들 나처럼 사는 줄 알았다. 드라마 〈미생〉에 나오는 직장인들은 대부분 평일 주말 할 것 없이 눈코뜰새 없이 일하면서 버티지 않나. 나는 모든 직장인들이 그렇게 사는 줄 알았다.

몇 번째였는지 정확히 기억나지 않지만, 한 브랜드 회사에서는 "일하면서 피를 토하는 심정이 된다"는 게 뭔지를 알았다. 그만큼 업무량이 과중되었지만 그 당시 나는 조금도 딴 생각을 할 시간이 없었기에 3년을 보냈다. 그때는 오히려 팀장을 달고 팀원들이 생기면서 일을 나누어 하는 과정이 재밌었던 것 같다.

일을 통해 나를 성장시키자

어차피 사람은 무언가에 중독되어 산다. 그게 오타쿠 같은 취미인 사람도 있고, 사랑에 중독되는 사람도 있고, 아니면 자식 뒷바라지에 올인하는 사람도 있을 뿐, 중독되어 사는 건 매한가지 아닌가. 그렇다면 나를 성장시키고 매일 발전하며 배울 수 있는 일에 중독되는 것이야말로 행운이 아닐까. 일 자체에 재미를 느끼고, 누가 시켜서 하는 게 아니라 내가 일을 찾아서 하는 사람은 '경력 관리'가 필요 없다. 그렇게 일을 하는 와중에 자연스럽게 누군가의 눈에 띄게 되고, 결국 그 가치를 인정해주는 사람에게 합당한 보상을 받게 되니까.

물론 나도 안다. 나처럼 생각하는 사람은 소수에 불과하다는 것. 요즘처럼 '워라밸'이 중요한 시대에는 직원 채용도 쉽지 않다.

면접을 보다보면 한숨이 나올 때도 많다. 하지만 그 와중에도 숨겨진 보석 같은 사람은 늘 있다.

"제가 이 회사에 들어오면 무엇을 배울 수 있나요?"

이런 사람들은 질문부터 다르다. 환경이나 조건보다 '일의 퀄리티'를 따지는 사람들. 연차 횟수나 칼퇴근보다는 일에 주의가 집중된 질문을 받으면 나도 모르게 긴장이 된다. 물론 워라밸이나 근무 조건을 따지는 게 나쁘다는 뜻은 아니다. 다만, '환경만' '조건만' 중시하는 사람은 일을 통해서 만족감이나 행복감을 얻기 어렵다는 말을 해주고 싶다.

독보적인
존재가 되는 법

요즘은 인플루언서가 SNS 시대의 영업사원으로 독보적 위치를 차지하고 있다. 어떤 인플루언서는 협찬과 상품 매출만으로 수억 원을 올리면서 '작은 중소기업'을 방불케 한다. 인플루언서를 단순히 "대중의 관심을 먹고 사는 관종"이라고 낮게 치부하기에는 그들이 가진 힘이 너무 엄청나다.

화장품을 판매하는 뷰티 분야에서도 마찬가지다. 제품 하나를 영상 속에 녹여내는 PPL 광고를 의뢰하기 위해 광고주인 이쪽에서 먼저 상대에게 읍소해야 하는 경우도 있다.

화장품 업계의 '슈퍼마케터' 되기

인플루언서를 보며 '독보적인 존재가 된다는 것'의 의미를 곱씹어본다. 수만 명에 달하는 팔로워를 모은 그들에게는 행운도 따랐겠지만, 분명 그들은 그만한 가치를 대중에게 제공했기에 현재의 위치에 오른 것일 테다. 그리고 이를 화장품 판매라는 관점에서 뒤집어 생각해본다.

"화장품 세일즈나 판매를 하는 사람 중에는 왜 독보적인 사람이 없을까?"

이렇게 고민하고 난 이후부터 나는 '무언가를 파는 사람'을 유심히 눈여겨보기 시작했다. 홈쇼핑에서 유명한 쇼호스트를 비롯해서 길거리에서 호객을 하는 분들의 멘트를 서서 유심히 들어본 적도 있다. 이런 공부를 내가 하는 교육강사 업무에 녹여내기 시작했고, 그렇게 적용한 멘트들이 교육 대상인 원장님들에게 도움이 되면서 제품 매출을 크게 키우는 계기를 만들었던 것 같다.

브랜드의 팔방미인이 되고 싶다

이렇게 독보적인 사람으로 변화하는 과정에서 나는 수많은 브랜드를 거쳤다. 이 책에서 일일이 다 공개할 수는 없지만, 에스테틱 브랜드의 내로라하는 브랜드 제품을 모두 경험해본 것 같다. 한 브랜드에서 장인정신을 갖고 깊어지는 것도 좋지만, 나는 어떤 브랜드를 맡더라도 매출을 키울 수 있는 팔방미인이 되고 싶었다. 그래서 한 브랜드 회사에서 근무하고 3년 정도 지나면 일부러 회사를 옮겨다녔다. 브랜드의 처음과 끝을 경험하는 시간이 3년이면 충분하다고 판단했기 때문이다.

내 경력을 본 대표님들은 처음에는 "근무 경력이 짧아서 걱정된다"고 하시다가 10년 이상 경력이 쌓이고 나자 "브랜드 경험이 풍부하다"면서 장점으로 봐주기 시작했다. 그동안 회사 매출을 어떻게 키웠는지를 수치상으로 보고 나서 생각이 바뀌는 것이다. 실력과 진정성은 매출로 증명될 수밖에 없음을 다시 한 번 실감하는 순간이었다.

요즘도 나는 새로운 브랜드를 접할 때마다 생동감을 느낀다. 브랜드마다 각각 장점과 단점이 있고, 그 차이를 깨닫는 재미와 성취감이 있다. 가끔 "그때 내가 이직하지 않았으면 지금쯤 어떻게 일하고 있을까?" 스스로 생각해본다. 아마 한 브랜드의 임원이나 관리자로 승진했겠지만 지금처럼 업계의 독보적인 존재가 되지는 못했을 것이다. 그러니 이직을 거듭하고 늘 새로움을 추구하며 분투한 것이 헛되지 않았음이 증명된 것이다.

최악의 조건에서도 차선의 이득 얻기

오해하지 말기를 바란다. 나는 한 분야에서 오래 일하는 사람들을 깎아내리는 것이 아니다. 한 분야 오래 머물러야만 보이는 것들도 있다. 하지만 나처럼 최대한 짧은 시간 안에 많은 걸 배우려는 일 욕심이 많은 사람이라면, 어느 누구와도 겹치지 않는 캐릭터를 갖고 싶은 사람이라면 최대한 다양한 경험을 해보는 게 필요하다고 생각한다.

이때 중요한 것은 '긍정심'을 잃지 않는 것이다. 세상에 100% 나쁜 상황이라는 건 없다. 만약 내가 A라는 브랜드를 담당하고 있고, 이제 어느 정도 일이 손에 익는데 갑자기 B, C 브랜드를 맡게 되고 A브랜드는 다른 사람이 맡게 된다면? 보통의 경우라면 화가 나고 허탈감을 느낀 나머지 회사를 그만두거나 브랜드 교육 강사를 포기하기도 한다. 그런데 나는 그동안 이런 비슷한 상황에 수없이 놓이면서 내 나름의 노하우를 터득했다.

'단 시간에 또 다른 브랜드를 경험할 수 있는 좋은 기회다!'

이렇게 스스로를 긍정하면서 나아가면 최악의 상황에서도

차선의 이득을 얻을 수 있다. 이런 경험이 반복되면 결국에는 일이 일처럼 느껴지지 않는 지경에까지 이른다.

남들이 하지 않는 걸 해내는 사람

나는 화장품 브랜드를 운영하는 지금도 화장품 업계에서 최고가 되어야겠다는 바람 같은 건 없다. 다만, 누구와도 다른 독보적인 존재가 되고 싶다는 생각은 늘 갖고 있다.

독보적인 존재가 되어야 하는 이유가 하나 더 있다. 그것은 바로 일을 오래 하기 위해서이다. 앞으로는 독보적인 존재가 되지 않으면 기회조차 주어지지 않는 시대가 올 것이다. 단지 오래 근무했고 관련 분야에 화려한 경험을 쌓았다고 해서 기회가 오지 않는다.

다른 사람이 할 줄 모르는 걸 해내고,
다른 사람이 보지 못하는 것을 보고,
다른 사람이 시도하지 못하는 것을 시도하고 결과를 만들 줄 아는 사람

이런 사람이 독보적인(unique) 존재이다.

당신에게는
생존 근육이 있는가

"대표님 금수저 아니에요?"

화장품 브랜드의 대표이사라고 하면, 주변에서는 내가 금수저이거나 아니면 화려한 경력을 갖고 스카우트 제의를 받았을 거라고 오해한다.

누구보다 평범하게 살면서, 오히려 남보다 조금 부족한 능력을 갖고 있다고 생각했던 나에게 사람들은 강단과 자신감을 읽는다고 한다. 나로서는 '근기'로 살아온 세월이었기에, 그럴 때마다 나름 적극적으로 해명하려고 노력한다.

"저 생존근육질이긴 해요."

나는 항상 '만약'을 생각했다.

'만약 어느 날 갑자기 거리로 나앉게 된다면'
'만약 내가 가진 경력이 물거품이 된다면'
'만약 수중에 있는 돈이 한 푼도 남지 않게 된다면'

빈손의 마음가짐

이렇게 생각해보면 사실 무슨 일이든 '집착'할 필요가 없게 된다. 그저 빈손으로 시작했기에 언제든지 빈손으로 다시 나를 일으켜 세우면 된다는 결의 비슷한 게 자연스럽게 생긴다고 할까.

우리가 사는 인생이 그렇지 않은가. 어느 순간 빚더미에 앉을 수도 있고, 내가 열심히 살아도 내 배우자나 자녀, 가족 등이 실패하면 어느 날 일당을 받는 식당 아르바이트라도 해야 할지 모른다. 이런 점에서 인생은 리스크가 늘 잠재되어 있는 게임이 아닐까 싶기도 하다.

워낙 어릴 때부터 이런저런 아르바이트를 많이 해봤고, 화장품 교육강사로 경력을 쌓는 동안에도 중간에 휴직하는 동안 알바를 했었기에, 늘 '맨손으로 다시 시작한다'는 마음가짐이 있다. 그러다보니 어느 순간부터는 "나는 망해도 다시 무슨 일이든 할 수 있겠다"는 자신감이 생겼다. 어릴 때는 늘 남의 눈치를 보고 주변을 지나치게 신경쓰는 예민한 성격이 싫었는데, 이 또한 나이를 먹고 경험이 쌓이다보니 다른 사람의 감정을 세심하게 배려하는 강점이 될 수 있음을 알았다. 그간의 인생 경험은 무엇이든 앞으로의 일과 삶의 재료로써 쓸 만큼, 내 안의 생존근육은 탄탄해져 있다.

고생의 경험이 더욱 값진 이유

젊을 때 고생은 사서도 한다는 말이, 이제는 조금 실감이 난달까. 그러니, 지금 겪고 있는 힘든 일이 마냥 나에게 해가 될 거라고 생각할 필요는 없다. 사람은 경험하려고 마음만 먹으면 다 하게 되어 있고, 어떤 경험이든 몸이 기억하고, 살아내는 방법을 찾아내니 말이다.

물론 몸은 더 이상 고생하지 말자고, 이제는 편하게 살자고 나를 설득한다. 앞으로는 나이도 있고, 그만 편하게 살면 되지 않겠느냐고. 도전 같은 건 그만해도 되지 않느냐고...나 역시 그렇게 매일 유혹을 받으며 사는 보통 사람이다.

그럴 때마다 스스로를 채찍질한다. 나를 괴롭히는 게 꼭 나쁜 것만은 아니다.

지금보다 더 성장하고 나은 사람이 되려면 어느 정도는 스스로를 괴롭힐 필요가 있다. 몸이란 가만히 내버려두면 처지고, 자연스럽게 에너지가 내려가는 게 생리이니 말이다. 언젠가 미국의 동기부여 전문가인 토니 로빈스의 강연을 들은 적이 있는데 그는 아침마다 찬물로 샤워를 한다고 한다. 그렇게 하면 살아있다는 느낌이 들면서 몸이 적당한 긴장감을 갖게 된다는 것이다.

진정한 자산은 무엇일까

대단한 경력과 크나큰 부를 쌓은 것도 능력이지만, 이쯤 되고 보니 사람에게 정말 중요한 자산은 '생존근육'이 아닐까싶다. 요즘 말로 표현하면 '회복탄력성'이라고 해도 무방하다. 자신에게 주어진 외적인 자산이나 운에 매달리지 않고도, 자신이 직접 앞길을 개척해나갈 수 있는 능력과 의지.

아마도 나는 오래 전에 이런 것들의 중요성을 알고 스스로 장착하기 위해 애를 써온 것은 아닐까. 사람들이 나를 '금수저'라고 부르는 의미가 내 안에 이런 역량이 있는 걸 뜻하는 거라면 부정하지 않겠다. 나는 타고난 금수저가 아닌 후천적 금수저다.

대단한 경력과 크나큰 부를 쌓은 것도 능력이지만, 이쯤 되고보니 사람에게 정말 중요한 자산은 '생존근육'이 아닐까 싶다. 요즘 말로 표현하면 '회복탄력성'이라고 해도 무방하다. 자신에게 주어진 외적인 자산이나 운에 매달리지 않고도, 자신이 직접 앞길을 개척해나갈 수 있는 능력과 의지.

아마도 나는 오래 전에 이런 것들의 중요성을 알고 스스로 장착하기 위해 애를 써온 것은 아닐까. 사람들이 나를 '금수저'라고 부르는 의미가 내 안에 이런 역량이 있는 걸 뜻하는 거라면 부정하지 않겠다. 나는 타고난 금수저가 아닌 후천적 금수저다.

세상이 내가 가진 것을 원하게 하는 법

일을 하는 여성들을 내심 응원하는 편이다. 특히 결혼한 여자들은 육아와 살림 말고도 자기 일을 하기 위해 넘어야 할 벽이 너무나도 많다. 나 역시 육아를 계기로 반강제로 경단녀가 되었는데, 때마침 경기가 좋지 않을 때라 인력을 뽑는 기업이 없어서 쉬어야 했다.

그 전에는 어느 기업에 몸담고 있어도 스카우트 제의가 빗발쳤는데, 아무에게도 연락이 없고 내가 쉬고 있음을 아는 대표님들 중 누구도 내게 "우리 회사에 와서 일해달라"고 말하지 않았던 그때, 나는 처음으로 '일을 하고 싶어도 못하는 이의 서러움'을 잠시나마 겪었다.

결혼하고 애 낳으면 끝이다?

하지만 스카우트 제의가 없다고, 경기가 어려워서 채용 수요가 줄었다고 해서 취업을 못한다고 생각할 필요는 없다. 나는 젊은 시절 잘나가는 커리어를 갖고 있다가 결혼을 계기로 일을 그만둔 '능력자'들을 몇 알고 있는데, 그분들과 대화해보면 하는 얘기가 늘 비슷하다.

한 마디로 결혼하고 애낳으면 이제 자기계발은 끝났다는 것이다. 그런데 정말 그럴까? 물론 더 이상 일을 못하겠다고 스스로 선언한 사람은 예외다. 자기 스스로의 능력에 한계를 긋고, '나는 이제 더 이상 못 나가'하는 상황이라면, 기회의 문도 동시에 닫히는 건 자연스런 일이다.

그러나 의지가 있는 사람이, 단지 외부 환경의 조건만으로 기회가 없다고 한탄한다면 그것만큼 아쉬운 일도 없을 것이다.

절대 취업의 조건

나 역시 그동안 기업을 10여 군데를 옮겨다니며 이력서를 써본 사람이라, 이직과 취업에 관해서는 해줄 말이 많다. 그 중에서 가장 아쉬운 점을 몇 가지 이곳에서 적어보려고 하는데, 가장 먼저 말하고 싶은 건 '기업이 나를 원하게 해야 한다'는 것이다. 기업이 나를 원하게 한다? 이게 무슨 뜻일까.

대부분은 채용공고를 보고 이력서를 보내서 그 중에 뽑히려고 한다. 예컨대 화장품 품질관리 매니저를 뽑는 기업이 있다고 해보자. 그럼 여기에는 화장품공학과 박사, 뷰티 브랜드 개발자 등 유관 분야부터 뷰티 관련 기관이나 기업, 학회 등에 근무했던 유관 분야 경험자, 그리고 생전 이 분야를 경험해본 적 없는 신입사원까지 수많은 사람들이 경쟁을 하려고 몰려들 것이다.

한 마디로 팔방미인 대회를 뽑는 데 내가 당선되기를 바라는 형국이다.

이렇게 되면 어지간한 스펙과 열정, 그리고 돋보이는 모양새를 갖지 못한 이들이라면 서류전형에서도 탈락하고 말 것이다. 한 마디로 취업 확률이 현저히 떨어지는 게임을 하게 된다.

그런데 한 번 생각해보자. 한 곳의 기업공고에 수백명이 지원하는 상황. 그러나 세상에는 그보다 많은 기업이 이런저런 이유로 채용 공고를 안 하고 있거나 미루고 있다. 이들 기업에 인재가 필요 없어서? 아니다. 다만 시기가 안 맞거나 기업 사정상 당장 채용을 못하고 있을 뿐이다.

그렇다면 세상에는 채용 중인 회사보다, 채용 준비 중인 회사가 더 많다고 봐야 하지 않을까? 수많은 기업 중에서 내가 일자리를 알아보는 현재 취업 공고를 게재하고 있는 회사만 지원할 필요가 있냐는 뜻이다. 오히려 채용공고는 올리지 않았지만, 앞으로 채용공고를 올릴 예정인 기업을 찾아서 내가 먼저 지원을 해보면 어떨까?

내가 관심 있는 분야에 취업할 확률은 그편이 더 높을 것이다. 실제로 나 역시 이런 식으로 먼저 기업목록을 보고 인사담당자에게 먼저 메일을 보내서 면접 기회를 잡은 적도 많다. 동시에 내 이력서를 공개해두고, 내가 어떤 사람인지, 어느 정도의 경력과 역량을 가진 사람인지 인사 담당자들에게 공개해두는 것도 좋다. 이렇게 공개만 해두어도 며칠만 지나도 스카우트 제안을 받거나 인사담당자의 연락을 메일이나 전화로 받는 경우가 많다.

풀타임 근무일 필요는 없다.

육아나 개인사정으로 인해 풀타임 근무를 못하는 사람들은 취업을 아예 포기하는 경우도 많은데 그럴 필요가 없다. 실제로 많은 기업들이 풀타임이 아닌 시간제 경력직 직원을 찾는다.

다만, 채용공고상에 이런 공고를 올리지 못하는 경우가 있을 뿐이다. 한 마디로 기업에서도 파트타임으로 일할 기회가 얼마든지 있다는 것이다. 다만, 파트타임 근무를 희망할 경우는 먼저 기업 측 인사담당자에게 정중하게 자기를 소개하고 혹시 파트타임으로 근무할 수 있는 자리가 있는지를 물어야 한다.

"실제로 그런 자리가 있을까요?"

이런 걱정은 할 필요가 없다. 의외로 많은 기업에서 실제 실무에 바로 투입할 수 있는 경력직 인재를 찾는다. 그런데 이런 사람들 중에는 개인사정으로 풀타임 근무를 못하거나 재택으로 근무해야 하는 경우도 많은 것이다. 회사 입장에서는 이런 경력자를 꼭 필요한 업무에만, 선별적으로 일을 맡기는 것이 훨씬 더 이득이다.

중요한 것은 자기 PR를 끊임없이 해야 한다는 것이다.

'난 아기가 있으니까 안 될 거야.'

'시간제로 일하는 사람은 안 뽑을 거야.'

이런 선입견을 갖지 말고, 특정 기업(예를 들어 '대기업')을 고집하지 않고 열린 마음으로 준비한다면 어떤 회사에서 어떤 자리라도 반드시 제안을 받을 수 있다.

화장품 브랜드를 창업하기 전이라면 우선 유통흐름 전반을 꿰뚫고 있어야 한다. 오프라인과 온라인 유통의 흐름과 특성, 그리고 브랜드 전략과 비주얼, 마케팅에 대한 지식이 골고루 갖춰진 게 아니라면 쉽사리 창업을 해서는 안 된다. 내가 아무리 노력해도 마케팅의 유행과 흐름이라는 것이 있고, 많은 예산을 썼는데 고객이 반응하지 않는다면 아무리 제품이 좋아도 실패하게 된다.

PART
2

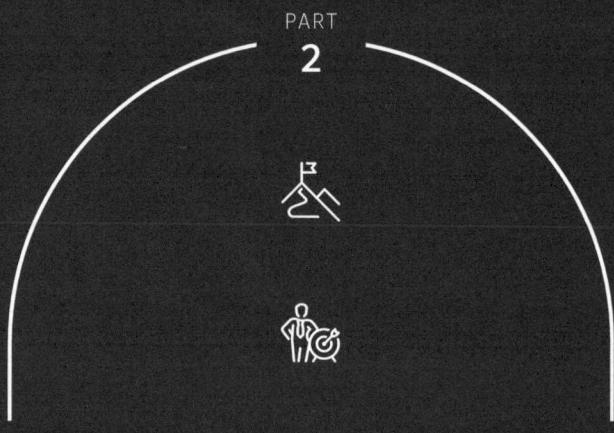

화장품 사업으로
성공하기 위한
'테크트리'

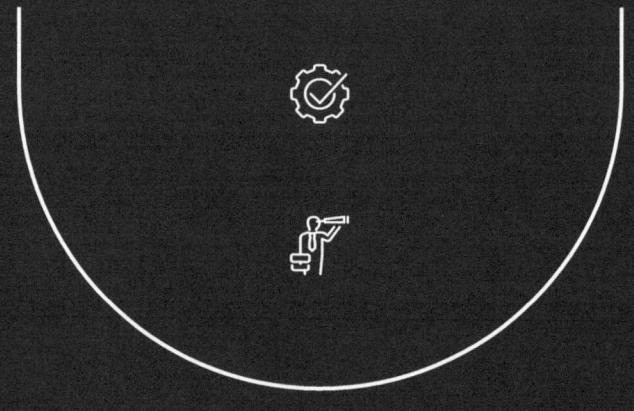

화장품으로 내 사업?
언제 창업해야 할까

　요즘처럼 창업하기 쉬운 시절이 없었던 것 같다. 온라인 판매가 활성화되었고, 무점포로 온라인에 쇼핑몰만 하나 만들어 두면 매출이 나오는 시대에는 창업이 그 어느 때보다 쉽다. 하지만 쉬워진 만큼 경쟁이 심해진 것도 사실이다. 사람 보는 눈은 누구나 같아서, 내 눈에 좋아보이는 건 남들 눈에도 좋아보인다. 화장품 업계에서도 내부 직원으로 있다가 화장품 아이템을 개발해서 창업한 이들 중에는 1년도 채 안 되어 문을 닫은 이들도 부지기수다.

창업 시점을 최대한 늦춰라

잠깐 매출이 높아 보이는 건 중요하지 않다. SNS를 통해 인기에 편승해 소위 '대박'이 난 아이템의 경우에도, 유행이 바뀌면 어느 날 매출이 바닥을 치는 경우가 흔하니 말이다. 화장품 분야야말로 창업은 쉬운데 폐업은 더욱 쉬운 분야가 아닐까 싶다.

그래서 나는 업계에서 창업을 하려는 사람에게 "최대한 그 시점을 늦출수록 좋다"고 조언한다. 당장 눈앞에 보이는 수익만

창업 전 반드시 알아야 할 점들

화장품 브랜드를 창업하기 전이라면 우선 유통흐름 전반을 꿰뚫고 있어야 한다. 오프라인과 온라인 유통의 흐름과 특성, 그리고 브랜드 전략과 비주얼, 마케팅에 대한 지식이 골고루 갖춰진 게 아니라면 쉽사리 창업을 해서는 안 된다. 화장품 창업에서 중요한 요소를 꼽아보자면 첫째는 제품, 둘째는 마케팅으로 나누어 볼 수 있는데 제품은 창업자가 노력하면 어느 정도까지 퀄리티를 끌어올릴 수 있지만, 마케팅이 마음처럼 되는 경우는 드물다. 내가 아무리 노력해도 마케팅의 유행과 흐름이라는 것이 있고, 많은 예산을 썼는데 고객이 반응하지 않는다면 아무리 제품이 좋아도 실패하게 된다.

생각하고 창업했다가 예상치 못한 변수로 인해서 회사 문을 닫고 싶지 않다면 말이다.

창업자에게는 충분한 공부가 필요하다.

창업자에게는 충분한 공부가 필요하다고 본다. 창업은 준비가 되면 언제든 할 수 있다. 다만 준비하기까지의 시간이 중요하다. 그때까지는 준비된 창업자로서 공부를 해야 한다.

많은 사람들이 창업을 꿈꾼다. 특히 화장품이나 뷰티 산업처럼 빠르게 성장하는 시장에서는, '이 아이템은 돈이 되겠다'는 직감 하나로 곧바로 뛰어드는 경우가 많다. 하지만 단순한 직감과 실행만으로 장기적인 성공을 보장하기는 어렵다. 사업을 안정적으로 성장시키기 위해서는 철저한 준비와 시장에 대한 깊이 있는 이해가 선행되어야 한다.

나는 창업을 결심했을 때, 단순히 '좋은 제품을 공급받을 수 있다'는 사실만으로 모든 것이 해결될 거라고 생각하지 않았다. 오히려 직원을 채용하거나 외주를 맡길 비용이 충분치 않은 상황에서, 내가 직접 할 수 있는 부분을 최대한 준비하는 것이 중요했다. 대표이사로 일을 시작하자마자 제품을 사입하고, 거래처를 확보해야 했기 때문에, 비용을 최소화하면서도 필수적인 요소들을 갖춰야 했다.

1. 준비되지 않은 회사는 신뢰를 잃는다

거래처를 확보하는 과정에서 깨달은 점이 있다. 상대가 나와 거래할지 말지를 결정하는 중요한 기준은 '이 회사가 제대로 준비되어 있는가'였다.

어떤 제품이든, 어떤 업종이든 기본적인 자료 요청이 들어오게 마련이다. 그런데 만약 회사가 브랜드 아이덴티티나 제품 관련 자료조차 제대로 갖춰두지 않았다면? 거래처의 신뢰를 얻기 어렵고, 협업 기회조차 제대로 잡을 수 없다.

특히 화장품 업계에서는 브랜드의 전문성과 신뢰성을 판단하는 요소가 많다. 제품의 품질뿐만 아니라 브랜드 스토리, 마케팅 자료, PR 전략 등 기본적인 요소가 구비되어 있어야 한다. 이런 요소들이 부족하면 '제대로 된 회사인가?' 하는 의구심을 가질 수밖에 없다.

2. 말로 설명하지 말고 자료를 준비하라

과거에는 오프라인 매장에서 화장품을 구매할 때는 직원이

직접 제품을 설명해주는 방식이 일반적이었다. 하지만 온라인 쇼핑이 보편화되면서 소비자들은 직접 매장에 방문하지 않고도 정보를 확인하고 구매 결정을 내리는 방식을 선호하게 되었다.

올리브영 같은 오프라인 매장에서도 직원이 다가와 설명해주는 것을 부담스러워하는 소비자가 많아졌다. 대신, 고객들은 제품 페이지를 스크롤하며 직접 자료를 읽고 비교하면서 구매 여부를 결정한다. 즉, 설명이 필요 없는 명확한 자료, 신뢰를 줄 수 있는 상세 페이지, SNS 콘텐츠, 브랜드 스토리 등의 비주얼 및 정보 구축이 더욱 중요해진 것이다.

이러한 흐름을 모니터링하면서, 나는 시장에서 살아남기 위해 마케팅과 PR 자료를 철저히 준비해야 한다는 사실을 더욱 절실히 깨달았다.

3. 기본을 갖춘 브랜드가 되어라

화장품 업계에서 짧은 기간 근무한 후, '이 아이템은 돈이 되겠다'며 단번에 창업을 결심하는 사람들이 있다. 하지만 충분한 준비 없이 무작정 뛰어들면 단기적으로는 이익을 볼 수 있을지 몰라도, 장기적으로는 지속적인 성장을 담보하기 어렵다.

성공하는 브랜드는 대부분 기본적인 자료부터 철저히 준비하고, 제품 개발뿐만 아니라 마케팅, 브랜딩, 유통 채널 전략까지 체계적으로 구축한 후 시장에 진입한다. 즉, 단순히 제품을 출시하는 것이 아니라, '브랜드로서의 기반'을 먼저 다져야 한다.

4. 창업 전 공부해야 할 필수 요소들

시장 조사 & 소비자 트렌드 분석

내 제품이 소비자에게 필요한 이유를 명확히 정의할 수 있어야 한다.

현재 시장에서 어떤 브랜드가 강세인지, 소비자는 어떤 제품을 선호하는지 파악해야 한다.

기본적인 마케팅 & PR 전략

SNS 마케팅이 중요한 시대, 브랜드 인지도를 높이기 위한 콘텐츠 기획이 필수적이다. 상세 페이지와 광고 자료를 준비해두어야 소비자가 구매 결정을 쉽게 내릴 수 있다.

브랜드 아이덴티티 & 기본 자료 구축

제품 소개서, 브랜드 스토리, 비주얼 가이드 등을 미리 준비해 신뢰를 높여야 한다. 거래처가 자료를 요청했을 때 바로 제공

유럽최초와 한국최초의 만남

유럽 에스테틱션의 역사는
1947년 닥터르노에 의해서 시작되었습니다.

마사지사들에게 피부생리학 공부를 전수하면서
'에스테틱션'이라는 새로운 전문직업군을 탄생시켰고

1986년 르본화장품은 닥터르노의 시스템을
한국에 도입하였습니다.

르본화장품은 한국최초의 수입화장품 닥터르노와 함께
아카데미 운영과 유통사업으로
전문적인 뷰티시장을 열었습니다.

LEBON COSMETIC 과 DR.RENAUD는
40여년이 되어가는 현재까지
피부전문가들의 바이블이 되고 있으며
수많은 피부 임상의 역사가 되고 있습니다.

HISTORY of Lebon

르본 화장품 홈페이지의 브랜드 소개 페이지.
성공하는 브랜드는 마케팅, 브랜딩, 유통 채널 전략까지 체계적으로 구축한 후 시장에 진입한다.
즉, 단순히 제품을 출시하는 것이 아니라, '브랜드로서의 기반'을 먼저 다져야 한다.

할 수 있도록 브랜드 정체성을 확립해야 한다.

비용과 운영 전략

직원 채용 없이도 운영할 수 있는 시스템을 먼저 고민해야 한다. 초기 비용이 많이 드는 요소(사무실, 외주, 마케팅 예산 등)를 어떻게 최소화할 것인지 계획해야 한다.

창업을 결심했다면, 가장 먼저 해야 할 것은 기반을 다지는 일이다.

단순히 '이 제품은 돈이 될 것 같다'는 이유만으로 시작하기보다는, 어떤 방식으로 브랜드를 운영할지, 시장에서 신뢰를 얻을 방법이 무엇인지, 소비자가 원하는 정보를 어떻게 제공할 것인지를 철저히 고민해야 하는 것이다.

창업하기 전에
미리 알아두어야 할 것

많은 사람들이 창업을 결심하면서 가장 먼저 생각하는 것은 '무엇을 팔 것인가'이다. 하지만 장기적인 성공을 위해서는 단순히 '좋은 제품'을 소싱하는 것을 넘어, 사업의 운영 방식, 시장의 흐름, 조직 구성 등의 핵심 요소를 미리 파악하고 준비하는 것이 훨씬 중요하다.

브랜드는 스토리텔링이 되어 있는가

나 역시 대표이사가 된 이후, 좋은 화장품을 소싱하는 것이 사업의 핵심이 될 것이라고 생각했다. 하지만 시장은 이미 수많은 브랜드와 제품들로 포화 상태였고, 소비자들은 넘쳐나는 정보 속에서 무엇이 좋은 제품인지 판단하는 것조차 어려워하고 있었다. 이런 상황에서 단순한 제품 판매가 아니라, 브랜드가 스토리텔링을 통해 소비자에게 신뢰를 줄 수 있는지가 더욱 중요한 요소라는 것을 깨닫게 되었다.

그리고 이 깨달음이 내 창업 준비 과정에서 가장 중요한 전략이 되었다.

1. 창업 전, '기본'을 갖추는 것이 가장 중요하다

창업을 준비하면서 한 가지 중요한 사실을 배워야 한다. 아무리 좋은 아이템이 있어도, 사업을 지속할 수 있는 기반이 없으면 장기적으로 살아남기 어렵다는 것이다.

내가 실제로 경험했던 한 사례를 들자면, 처음 합류했던 회사는 40년 이상 된 전통적인 화장품 유통 기업이었다. 오프라인 시장에서는 강력한 입지를 가지고 있었지만, 온라인 시장에는 거의 진출하지 않았고, 마케팅 방식도 시대에 뒤처져 있었다. 코로나 팬데믹 이후 회사는 큰 타격을 입었고, 이를 회복하기 위해 조직을 개편하는 과정에서 나 역시 경영을 맡게 되었다.

당시 내가 가장 먼저 직면했던 문제는 단순한 경영이 아니라, 사업을 운영할 수 있는 '기반 자체'가 제대로 마련되어 있지 않다는 점이었다. 브랜드의 가치는 훌륭했지만, 시스템은 낙후되어 있었고, 새로운 인력을 채용하는 과정도 예상보다 훨씬 어려웠다.

이 경험을 통해 나는 창업을 준비하는 과정에서 가장 먼저 고려해야 할 요소들을 깨닫게 되었다.

2. 창업 전에 반드시 준비해야 할 요소들

브랜드와 스토리텔링은 필수

단순히 좋은 제품을 가지고 창업하는 것만으로는 충분하지 않다. 브랜드가 어떤 가치를 전달할 것인지, 어떤 고객층을 대상으로 하는지, 소비자가 이 브랜드를 왜 신뢰해야 하는지를 명확히 정의해야 한다.

특히 화장품과 같은 시장에서는 제품의 품질만큼이나 브랜드의 스토리와 이미지가 중요하다. 소비자는 단순히 제품의 성능만을 보고 구매하는 것이 아니라, 브랜드가 가진 감성과 철학에 공감할 때 더욱 강한 로열티를 형성한다.

창업 준비를 위한 필수 준비요소!

- 브랜드 아이덴티티(가치, 철학, 비전)를 명확히 정리
- 브랜드의 스토리와 소비자에게 줄 수 있는 차별화된 경험을 기획
- 소비자가 직접 제품을 체험할 수 없는 온라인 시장에서는 신뢰를 줄 수 있는 콘텐츠(광고 자료, 상세페이지, SNS 콘텐츠 등)를 준비

경영과 운영의 현실적인 문제

많은 창업자가 '대표'가 되는 순간부터 자유롭게 모든 것을 결정할 수 있다고 생각하지만, 실제로는 오히려 반대다. 나는 경영을 처음 맡게 되었을 때, 조직을 이끄는 것이 단순히 관리의 문제가 아니라 사업 운영 전반에 대한 깊이 있는 이해가 필요하다는 것을 깨달았다.

특히 비용 관리, 직원 채용, 물류 및 공급망 운영 등은 생각보다 훨씬 복잡한 문제다. 초반에는 직원 없이 혼자 사업을 운영해야 할 수도 있고, 투자 없이 시작해야 하는 경우도 많다. 따라서 '나 혼자서 감당할 수 있는 업무의 범위'와 '외주나 직원이 반드시 필요한 업무'를 미리 구분해두는 것이 중요하다.

이 때문에 창업 전에 사업을 운영할 최소한의 기본 비용(사무실, 제품 구매, 마케팅 비용 등)을 계산해보고 인력이 꼭 필요한 업무와, 혼자서 할 수 있는 업무를 구분해야 한다. 경영과 관련된 기초적인 지식(재무, 회계, 세무, 법적 절차 등)을 공부해야 하는 것은 물론이다.

신생 브랜드의 매출을
키우는 방법

모든 경쟁은 결국 소통과 지식에 달린 문제라고 생각한다. 특히나 화장품처럼 유행과 소비자 기호가 빠르게 변하는 상품은 그때그때 필요한 정보와 소통을 누가 더 빠르게 하느냐에 따라 성패가 갈린다. 예를 들어서 최근에는 온라인 유통이 중요한 시대이기 때문에 유통업체와 판매자 간 원활한 소통을 잘 이해하는 브랜드가 매출이 높고 경쟁에서 앞서 나간다.

그런데 가만히 생각해보자. 브랜드에서는 상품을 잘 아는 브랜드 매니저가 있고, 유통업체에서는 유통의 구조를 잘 아는 사업자가 있게 마련이다. 이 두 사람의 이해관계는 서로 다를 수밖에 없고, 이러한 차이로 인해 마케팅이 원활히 이뤄지지 않는 경우도 많다. 이 때문에 화장품 업계에서는 브랜드와 유통채널의 경험을 두루 갖춘 사람이 중요한 역할을 맡게 된다.

브랜드에서는 "왜 이 가격에 유통을 못하냐"고 의문을 갖고, 유통업체에서는 "최저가를 더 낮춰야 팔린다"고 한다. 그럼 이 둘의 입장차이를 알고 이 간격을 좁히는 사람의 역할이 필요해진다.

준비가 안 된 브랜드가 되지 말자

이 점을 미리 알고 있었던 일부러 홈쇼핑 채널과 온라인 판매 채널 등을 두루 경험한 역량을 살려서 브랜드를 키워가고 있다. 신생 브랜드의 경우는 단순히 자금을 많이 투입한다고 해서 매출이 일어나지 않는다. 매출을 키우려면 인력과 시스템, 자금과 대외환경 등을 모두 신중히 고려해야 하기 때문에 철저한 사전 준비가 필요한 것이다.

"대표님, 우리 회사 매출 좀 키워주세요."

간혹 준비가 되지 않은 대표님이 신생 브랜드를 키워달라고 연락이 올 때가 있는데, 아무리 높은 연봉을 주더라도 이러한 브랜드의 성장 잠재 요소가 없으면 나는 정중히 거절하는 편이다.

매출을 키우려면 먼저 이 브랜드에 필요한 최소 인력을 구축해야 한다.

신생 브랜드에게 필요한 건 '용병'이 아니라 탄탄한 팀 구축이다. 쇼핑몰은 어떻게 구축해야 하는지, 브랜드 이미지와 슬로건을 어떻게 정할지 등 하나의 브랜드를 키우는 데 있어서 필요한 요소들이 많고 과정도 복잡한 편이다. 이 때문에 초기 브랜드일수록 외부 컨설팅에 의존하기보다는 이런 기본적인 밑바탕을 탄탄히 구축할 수 있는 실무인원이 필수적이라고 볼 수 있다.

하나의 브랜드를 키우는 데 있어서 반드시 알고 있어야 할 지식들을 내 경험을 토대로 다음과 같이 정리해보았다

1. 브랜드 기획 및 콘셉트 설정
신생 브랜드의 출발점은 명확한 타겟 고객을 정의하는 것이다. 연령대, 피부 고민, 라이프스타일 등을 고려하여 고객층을 세분화하고, 이들이 원하는 가치를 파악해야 한다. 브랜드의 핵심 가치를 설정하고, 해결하고자 하는 피부 고민을 명확히 정의하는 것이 중요하다. 또한, 시장 조사와 경쟁 브랜드 분석을 통해 차별성을 확보해야 한다. 이를 바탕으로 브랜드 스토리를 구축하고, 고객이 공감할 수 있는 스토리텔링 요소를 더해 브랜드의 정

체성을 강화해야 한다.

2. 브랜드 이미지 & 슬로건

강력한 브랜드 이미지를 구축하기 위해서는 일관된 비주얼 아이덴티티가 필수적이다. 짧고 기억하기 쉬우며 브랜드의 핵심 가치를 담은 네이밍을 정하고, 단순하면서도 강렬한 인상을 남길 수 있는 로고를 디자인해야 한다. 브랜드의 감성을 효과적으로 전달할 수 있도록 컬러와 디자인 가이드를 설정하고, 이를 모든 브랜드 자산에 적용해야 한다. 슬로건은 브랜드 철학을 함축적으로 담아야 하며, 고객에게 강렬한 인상을 남길 수 있도록 구성해야 한다. 또한, SNS 및 온라인 브랜딩을 통해 일관된 콘텐츠 톤과 비주얼 전략을 유지하는 것이 중요하다.

3. 제품 개발 및 생산

브랜드 초기에는 너무 많은 제품을 한꺼번에 출시하기보다, 소수의 강력한 핵심 제품을 먼저 개발하는 것이 중요하다. 제품 개발 과정에서 차별화된 성분과 안정적인 원료 공급망을 확보해야 하며, 품질 관리에 철저히 신경 써야 한다. 생산 방식은 OEM(주문자 상표 부착 생산) 또는 ODM(제조자 개발 생산) 방식 중 브랜드의 상황에 맞는 방식을 선택해야 한다. 또한, 국내외 유통을 고려하여 화장품 제조 허가, 식약처 인증 등의 법적 절차를 철저히 준수해야 한다.

4. 유통 및 판매 전략

유통 채널 선정은 브랜드의 성격과 고객층에 맞게 전략적으로 접근해야 한다. 자체 쇼핑몰(D2C, Direct-to-Consumer) 운영을 통해 브랜드의 직접 판매 채널을 확보하는 것이 중요하며, 이를 기반으로 고객과의 소통을 강화할 수 있다. 동시에, 쿠팡, 네이버 스마트스토어 등의 온라인 마켓플레이스와 올리브영, 롭스 등 오프라인 유통망을 적극 활용하여 브랜드 인지도를 확대할 필요가 있다. 장기적으로는 아마존, 쇼피, 알리바바 등 해외 마켓 진출을 고려하여 글로벌 확장 전략을 수립해야 한다.

5. 마케팅 & 브랜딩 전략

신생 화장품 브랜드의 성공을 위해서는 디지털 마케팅과 브랜딩 전략이 필수적이다. SNS 마케팅을 적극적으로 활용하여 인스타그램, 틱톡, 유튜브 등의 채널에서 브랜드 인지도를 높이고, 인플루언서와 협업하여 효과적인 홍보를 진행해야 한다. 또한, 브랜드 철학과 가치를 전달하는 블로그 및 영상 콘텐츠를 제작하여 고객과의 소통을 강화하는 것이 중요하다. 네이버 검색 광고, 페이스북 및 인스타그램 광고를 통해 브랜드를 노출시키고, 체험단 운영과 바이럴 마케팅을 활용하여 고객 리뷰를 확보하고 입

소문 효과를 극대화해야 한다.

6. 고객 관리 및 커뮤니티 구축

브랜드의 지속적인 성장을 위해서는 단순히 제품을 판매하는 것이 아니라, 충성 고객을 확보하고 커뮤니티를 형성하는 것이 중요하다. 멤버십 프로그램과 리워드 시스템을 운영하여 고객이 브랜드와 지속적으로 관계를 맺을 수 있도록 유도해야 한다. 또한, CS(Customer Service) 관리를 철저히 하여 고객의 피드백을 신속하게 반영하고, 긍정적인 브랜드 경험을 제공해야 한다. 유저 참여형 이벤트를 운영하여 고객이 브랜드의 자연스러운 홍보자가 될 수 있도록 유도하고, 장기적으로 브랜드 로열티를 구축해야 한다.

화장품 브랜드는 단순한 제품 판매가 아니라 고객과의 관계 형성이 핵심이다. 신생 브랜드일수록 용병(외부 컨설팅)보다는 탄탄한 내부 팀을 구축하여 브랜드 아이덴티티를 공고히 하고, 체계적인 실행 전략을 수립하는 것이 중요하다.

신생 브랜드의 출발점은 명확한 타겟 고객을 정의하는 것이다. 연령대, 피부 고민, 라이프스타일 등을 고려하여 고객층을 세분화하고, 이들이 원하는 가치를 파악해야 한다. 브랜드의 핵심 가치를 설정하고, 해결하고자 하는 피부 고민을 명확히 정의하는 것이 중요하다. 또한, 시장 조사와 경쟁 브랜드 분석을 통해 차별성을 확보해야 한다. 이를 바탕으로 브랜드 스토리를 구축하고, 고객이 공감할 수 있는 스토리텔링 요소를 더해 브랜드의 정체성을 강화해야 한다.

영업 역량은
시간에 비례한다

얼마 전 우연히 유튜브에서 흥미로운 프로그램을 본 적이 있다. 미국의 유명한 사업가인 그랜트 카돈이 낯선 곳에서 0원으로 사업을 시작해서 성장시키는 과정에 대한 다큐멘터리다. 그는 타이어 판매를 위한 영업을 도와야 했는데, 아무런 인프라가 없는 고속도로 한 가운데 있는 매장에 영업사원으로 취직해서 판매를 이끌어내는 과정을 그대로 보여주었다.

여기서 내 인상에 남았던 것은 영업이라는 것이 해당 분야의 지식이 없어도 노력에 투입한 시간과 성과가 비례한다는 점이었다. 그랜트 카돈 역시 타이어에 대해 전혀 몰랐지만, 타이어 가게 손님들과 대화하고 상담을 하면서 빠르게 지식을 습득해나가는 점이 인상깊었다.

처음부터 영업을 잘하는 사람은 없다

　가끔 "화장품 판매 영업이 너무 힘들다"는 주변의 고민 상담을 들어줄 때가 있는데, 그 내용을 들어보면 영업을 해본 적이 없어서 힘들다는 내용이 대부분이다. 하지만 영업은 노력한 시간과 성과가 고스란히 비례하는 분야다. 처음부터 영업을 잘하는 사람이 누가 있을까. 나 역시 화장품 업계에서 일한지 15년 가까이 되었지만 여전히 낯설고 서툴다.

　브랜드를 경영하는 대표이사다보니 유통업체 사장들과 대화를 하고 상담할 일이 많은데, 이는 싫어도 해야 하는 일 중에 하나이다. 처음에는 전화 통화 하는 것도 서툴러서 버벅대기 일쑤였다. 마음의 준비를 하고 전화를 걸어도 상담이 생각만큼 잘 되지 않았다. 그 다음부터는 나름대로 영업을 잘 하기 위한 노력을 했는데 그 중에서 가장 효과적이었던 게 '스크립트 사전에 준비하기'였다.

　제 아무리 경험이 많은 사람도, 정작 전화 영업을 하려고 휴대폰을 들면 머릿속이 하얘질 수 있다. 강의나 영업이 본업이 아닌 이상 이런 현상은 전혀 이상할 게 없다. 오히려 새로운 일을 할 때는 철저한 준비가 필요하다는 교훈을 영업에서도 똑같이 적용해야 할 뿐이다.

전화 영업을 준비하는 노하우

전화를 걸기 전, 최소한의 '핵심 노트'를 만든다
전화가 두려운 이유는 무엇일까?
→ 예상하지 못한 질문이 나올까 봐.
→ 말을 하다가 핵심을 놓칠까 봐.

이를 방지하기 위해 혜주는 핵심적인 내용만 담긴 메모를 항상 준비했다.

메모 구성 예시
① 도입: "안녕하세요, 저는 OOO의 혜주입니다. 간단히 안내드리고 싶은 게 있어서 연락드렸습니다."
② 핵심 메시지: 오늘 전화의 목적이 무엇인지?
   (예: 신규 제품 안내, 계약 관련 문의, 피드백 요청 등)
③ 질문 예상 리스트: 상대방이 할 수 있는 질문과 그에 대한 답변
   (예: 가격, 배송, 할인 여부, 차별점)
④ 마무리 멘트: "더 궁금하신 점 있으시면 편하게 말씀 주세요!"

이때 문장 전체를 적지 말고 키워드 중심으로 정리하는 게 좋다.(예: "무료 샘플 제공 가능 여부", "재구매율 80% 강조") 전화하면서도 바로 볼 수 있도록 노트북 화면이나 종이에 적어두면 도움이 된다.

'읽는 게 아니라 말하는 연습'을 한다

전화는 메모를 읽는 것이 아니라 대화하는 것이다. 하지만 메모가 있으면 사람들은 자연스럽게 읽으려는 습관이 생긴다. 나 역시 처음에는 빽빽한 스크립트를 적었지만, 점점 문장을 줄여갔다.

- 1분 안에 핵심 내용을 전달할 수 있도록 연습한다.
- 말하다가 헷갈리면 차라리 잠깐 쉬고 정리한 뒤 다시 이어간다.
- 전달력이 중요한 부분은 또박또박 말하고, 너무 빠르지 않게 조절한다.

고객이 질문하면 당황하지 않고 '이 패턴'으로 대응한다

전화가 어렵게 느껴지는 이유는 예상치 못한 질문이 나올 때 당황하기 때문이다. 하지만 모든 질문은 몇 가지 유형으로 나눌 수 있다.

질문 대응 공식: "공감 → 답변 → 확인"

- 고객: "이거 효과 진짜 좋은 거 맞아요?"
- 공감: "네, 충분히 궁금하실 것 같아요. 실제로 고객님과 비슷한 고민을 하셨던 분들이 많이 찾으세요."
- 답변: "이 제품은 A 성분이 들어 있어서 XX 기능을 강화해 주는 효과가 있습니다."
- 확인: "혹시 고객님께서는 어떤 부분이 가장 궁금하셨나요?"

즉각적인 답변이 어려운 경우

- 즉시 대답하지 않아도 된다. 모르면 솔직히 말하되, 해결책을 제시하자.

"좋은 질문 주셨는데, 정확한 정보를 위해 담당 부서에 확인

후 빠르게 답변드리겠습니다!"

통화 후, 간단한 '복기 메모'를 남긴다

내 경우는 영업을 처음 배울 때는 통화가 끝난 후 무조건 1~2줄 정도 메모를 남겼다.

- 고객이 가격보다 성분을 더 중요하게 생각함. 다음에 전화할 때 성분 중심으로 설명한다.
- 고객은 관심이 있었지만 아직 결정을 못할 경우 3일 후 다시 연락한다.

이때 '무슨 질문을 받았고, 어떻게 답했는지'를 정리하면 다음에 같은 질문을 받을 때 훨씬 수월하다. 다음 통화 때 활용할 수 있도록 고객별 관심사를 기록해 두면 좋다.

- 핵심 노트를 준비한다.
- 읽지 않고 말하는 연습을 한다.
- 예상 질문을 정리하고, '공감 → 답변 → 확인' 패턴으로 대응한다.
- 통화 후 간단한 피드백을 남긴다.

필자가 판매했던 클렌저.
20만 원이라는 고가의 상품임에도 마케팅에 성공할 수 있었다.

    핵심 내용을 미리 정리해 놓고, 예상 질문과 답변을 준비하며, 전화를 걸기 전 간단한 연습을 하는 습관이 생기면서 그 전보다 여유가 생긴다. 완벽하지 않아도 괜찮다는 마음가짐과 꾸준한 연습이 쌓이면, 영업에 대한 두려움도 사라질 것이다.

    이벤트 오픈 1시간만에 매출 1억 원이라는 성과를 거둘 수 있었다. 단순히 카피 하나 바꾼다고 해서 상품 매출의 결과가 바뀐다고 생각하지는 말길 바란다. 중요한 것은 고객의 머릿속에 '스토리텔링'을 그려주는 것이다. 그 전까지는 비싼 제품이 왜 비싼 것인지에 대해서 뾰족한 답을 할 수 없었다면, 나는 소비자의 머릿속의 물음표에 대해 "30초 동안 기다리는 시간을 만들면 이 고가의 제품이 빛을 발한다"는 메시지를 심어준 것이다.

브랜드의 스토리텔링 요소도 중요하다!

여기에 한 가지 더 중요한 포인트가 있다. 해외에서 인지도가 높은 화장품 브랜드라고 해도 국내에 처음 런칭한다면 브랜드 광고를 통해 인지도를 심어주어야 한다는 점이다. 나는 해당 브랜드를 스터디하면서 스위스에서 안티에이징(Anti-Aging)을 할 때는 피부뿐만이 아니라 전신 관리를 한다는 점을 알게 되었고, 이러한 노하우가 화장품이 축적되어 있는 브랜드임을 지속적으로 홍보했다.

'스위스에서 안티에이징 치료를 위해 개발된 화장품입니다'

이런 형태의 1차 스토리텔링 광고를 기반으로 서서히 상품 단가를 비싼 것을 판매해나갔다.

처음에는 20만원 짜리 클렌저에서 시작해 120만 원대 상품까지 공동구매 상품으로 마케팅을 했다. 고가의 상품을 판매할

화장품이 무조건 비싸면 안 팔린다고 생각하는 건 편견이다.
중요한 건 고객의 마음에 어떤 스토리를 심어줄 수 있는가, 이다.
사진은 필자가 판매하던 120만 원짜리 화장품.

때는 제품 하나만 파는 것보다는 2~3개를 묶어서 패키지로 판매하는 전략이 유리하다.

120만 원짜리 세럼이 있는 브랜드에서 20만 원짜리 클렌저는 상대적으로 저렴해 보인다. 고가화장품의 첫 시작을 클렌저부터 바꾸게 하고 그로 인해 만족한 고객은 120만 원짜리 세럼에도 지갑을 열게 되는 것이다.

화장품이 무조건 비싸면 안 팔린다고 생각하는 건 편견이다. 중요한 건 고객의 마음에 어떤 스토리를 심어줄 수 있는가, 하는 부분이니 말이다. 당신의 브랜드에는 어떤 스토리가 있는가, 고객이 그 스토리에 지갑을 열 만큼 광고 메시지와 상품설명에 설득력을 갖추었는가? 고가의 화장품을 팔고 싶은 사람이라면 한 번쯤 생각해보자.

20만 원짜리
클렌저를 파는 방법

A브랜드의 판매 담당자로 일할 때의 일이다.

제품의 평균 판매가격대가 4~5만 원대인 600ml 대용량 클렌저를 파는 회사였다. 클렌저는 씻어내는 화장품의 특성상 고가의 상품을 팔기 어렵다. 이에 대표님은 당시 어떻게 하면 회사 매출을 늘릴 수 있는지 고심하고 있던 상황이었다.

시장 조사를 하다가 우리 제품의 면면을 알아야겠다는 생각에 어느 날 창고를 뒤적거리던 나는 우연히 스위스 제품인 고가의 상품을 발견했다.

"대표님, 이 제품은 한 번도 저희 상품페이지에서 못 본 것 같은데 안 파시는 이유가 있나요?"

"어휴, 200ml라서 용량도 작고 잘 안 팔리더라고. 20만 원짜리 클렌저를 누가 사겠어?"

대표님은 고가의 화장품은 관여도가 높아서 오프라인 매장에서 팔린다고 생각하고 계셨다. 하지만 내 생각은 달랐다. 소비자들은 무조건 저렴한 화장품만 찾지는 않는다. 싼 제품을 찾는 사람이 있다면, 비싼 제품을 찾는 사람도 있게 마련이다. 판매 테스트를 해보고 싶어서 광고를 한 번 태워보겠다고 말씀드리고 일정을 잡았다.

시행착오를 반복하기

처음에는 모두의 예상대로 반응이 별로 없었다. 회사 직원들은 "거봐라. 비싼 건 안 팔린다"고 했지만 나는 원인 분석을 시작했다. 소비자 피드백을 살펴보니 '고가의 클렌저인데 사용법이 어렵다'는 반응이 많았다. 당시 상품 상세페이지에서는 사용법 안내가 자세히 되어 있지 않았던 것이다.

'사용법을 한 번 바꿔서 테스트해보자!'

그렇게 생각하고 상품페이지를 혼자서 고치기 시작했다. 당시 클렌저는 '세포가 살아나는 제품'이라는 홍보 문구가 있었는데, 이 상품 콘셉트에 맞추어서 "클렌저를 바르고 곧바로 씻지 말고 30초를 기다렸다가 씻어내면 효과가 극대화된다"고 카피라이팅을 했다. 그리고 다시 광고를 해서 소비자의 반응을 살펴보기로 했다. 결과는 어땠을까?

허드렛일의
레버리지

이 글에서 하는 이야기는 철저히 내 경험을 기반으로 한 것이다. 나는 화장품 브랜드의 마케팅을 알기 위해서는 반드시 그 브랜드의 창고에서 일해봐야 한다고 생각한다.

'이게 무슨 말이지?'

이렇게 말하는 누군가에게는 싱거운 농담처럼 들릴 수 있다. 창고 업무와 화장품 마케팅이 대체 무슨 관련이 있단 말일까? 하지만 내 경험에 의하면 브랜드 성공을 위해서는 반드시 필요한 요소라고 생각한다.

재고가 쌓이는 이유

현재 내가 대표이사로 일하고 있는 르본 브랜드는 인수인계 당시 기사회생을 노리고 있었다. 매출이 저하되면서 30년이 넘게 일하던 직원들이 그만두고, 제품 판매 유통망은 흐트러진 상태였다.

처음에는 제품이 어렵다보니 담당 직원들이 뽑힌 다음날 그만두기 일쑤였다. 특히 창고 자재관리 직원이 그랬다. 어렵게 뽑은 자재과 직원 4명이 줄줄이 그만두는 모습을 보고 '이건 뭔가 문제가 있다'고 판단했다. 그래서 이튿날부터 창고로 출근해서 거기서 살다시피 했다.

100평 규모의 창고는 담당 직원의 부재로 엉망인 상황이었다. 한 사람이 오랫동안 창고지기 역할을 했다보니, 그가 퇴사를 하고 나니 창고관리를 어디서부터 손을 대야 할지 막막했다. 바닥에는 쓰레기가 뒹굴고 있었다.

나는 진열 방식부터 바꾸기로 하고 그때부터 청소를 시작했다. 제품별로 찾기 쉽게 태그를 부착하고, 브랜드별로 깔끔하게 정리했다. 유통기한이 임박한 제품은 모두 폐기처리 했다. 이렇게 정리를 하고 나서 폐기물을 헤아렸더니 무려 5톤 트럭 2배 분량이 나오는 게 아닌가.

정리정돈은 시작에 불과했다. 입고와 출고 내역을 정확히 알기 위해서 주문이 들어오면 택배를 직접 싸기 시작했다. 예전에 온라인쇼핑몰에서 근무했던 경험이 있어서 송장 출력이나 박스 포장은 어려운 일이 아니었다.

정리정돈이라는 이름의 기본기

보통의 사장이라면 어땠을까?

'내가 이런 것까지 해야 하나'

이런 회의감이 들어서 본사 직원을 불러서 창고 정리를 따로 시켰을 것이다. 돈을 주고 사람을 불러서 창고 정리를 시키면 간편하긴 하다. 하지만 상품 재고관리의 흐름을 배울 기회를 놓치기 된다. 나는 차라리 내가 직접 하는 게 경험과 지식을 쌓는 측면에서 더 낫다고 생각했다. 그렇게 재고 관리부터 출고, 장부관리 등의 회계업무까지 배우다보니 2개월 남짓 지나자 창고 업무에 통달하는 수준에 이르렀다.

중요한 것은 '시스템'을 만드는 일이다. 내가 없이 그 일을 누가 맡아도 제대로 해낼 수 있도록 일을 체계화하는 것이다. 어쩌면 내가 창고 관리 경험을 통해서 원했던 것은 '업무의 체계화'였는지도 모른다. 그리고 이때의 경험이 르본 화장품의 재고를 최적화하고, 출고 현황을 한 눈에 알 수 있게 된 계기가 되기도 했다.

어떤 일이든 보는 시각에 따라 다르게 정의된다.

'창고 정리인가, 재고 관리 노하우 학습인가.'
'택배 허드렛일인가, 출고 최적화 경험인가.'

이처럼 모름지기 경험이라는 것은 내가 그 일을 어떻게 정의 내리느냐에 따라 달라진다고 볼 수 있다.

앞서도 강조했듯 성공을 위해 중요한 것은 '경험'이다. 하기 싫은 일을 '경험 지식'으로 바꿀 수 있어야만 성공으로 가는 경로가 단축된다. 이는 비단 창고관리뿐 아니라 영업, 마케팅, 경영관리 등 화장품 브랜드 회사의 실무 전반에 걸친 공통점이라고 생각한다.

협력사 관리하기의 어려움

르본 화장품 대표이사가 되고 난 뒤 또 한 가지 가장 중요하고 어려웠던 임무가 '지사 관리'였다. 에스테틱 브랜드는 지사 설립을 통해 유통망을 확장하는데 당시 르본 화장품은 지사 관리가 거의 되지 않아 유통망이 죽은 상태와 다름 없었다. 당시 20여개 지사가 있었지만 왕래가 없었던 터라 실질적인 '관계'라는 게 형성되어 있지 않았다.

나는 지사 대표님들 한 사람, 한 사람에게 전화를 걸어서 방문을 약속드렸다.

"여기까지 오시게요? 전화로 하시지…"

지사 대표님들은 본사 대표가 직접 지사에 간다는 말에 깜짝 놀랐다.

"인사도 드리고 이번에 본사에서 준비한 정책도 설명드리려고요."

사실 당시 지사들은 상품 판매를 위해 형식적인 계약 관계를 유지했을 뿐, 실질적으로는 계약 해지 상태와 다름없었다. 회사는 이렇다 할 거래처가 전무했던 상황이었다. 지사 거래처 매출에 의존하는 본사 입장에서는 당장 회사 문을 닫아도 이상하지 않은 상황이었다. 하지만, 지사를 설득한다는 내 계획이 처음부터 회사 내부의 동의를 얻은 건 아니다. 가장 먼저 회사 오너를 설득해야 했다.

"유통채널이 지나치게 복잡해져서 좋을 게 있나요?"

"그렇긴 해도 당장 우리 회사가 매출을 낼 수 있는 직영 거래처가 없다면, 이는 큰 문제입니다. 제가 살려볼게요."

나는 대표님을 이렇게 설득했다.

대면을 해봐야 알 수 있는 것들

막상 현장에서 지사 대표님들을 만나서 계약을 다시 맺고, 불편한 점이 없는지 물었을 때는 다양한 피드백이 나왔다. 지사 대표님들은 겉으로 표현하지 않았을 뿐, 본사 정책에 대한 불만이 누적되어 있었다. 만약 이 문제가 해결되지 않는다면, 언제 터져도 이상하지 않은 시한폭탄과 같은 문제들이었다. 이런 문제를 전화로 표출한다는 건 지사 대표 모두에게 어려웠을 것이다. 한마디로 대면해서 묻지 않으면 알 수 없는 영역들이었던 셈이다.

이런 것이 바로 네트워킹의 중요성이다. 시간과 노력이 소모되어도 반드시 대면 영업을 해야 하는 이유이기도 하다. 신기하게도, 이후 본사 매출이 계속 오르기 시작하면서 안정세를 되찾았다. 이는 브랜드 본사에서 지사에 계약 원칙을 명확히 밝히고, 이를 지키려는 노력을 보여주었기 때문이라고 생각한다.

판매가 설정의 문제

상품 유통망을 관리하면서 가장 어려운 점 중 하나가 바로 '가격 모니터링'이다. 에스테틱 제품이 온라인으로 유통 시에는 가격 정책이 쉽게 무너지곤 한다. 당시 르본 또한 정가 이하의 가격으로 파는 리셀러들 때문에 골치를 앓고 있었다. 본사에서 강력한 정책을 펼치더라도, 중구난방으로 활동하는 개인 셀러들을 일일이 통제하기란 사실상 불가능한 것이 현실이다. 하지만 나는 이렇게 가격 정책을 준수하지 않는 판매자와 1:1로 소통했다.

매일 정해진 시간에 가격 모니터링을 했고, 이를 지키지 않는 판매자에게는 쇼핑몰 게시판에 비밀댓글로 '가격을 수정해달라'고 요청했다. 그렇게 무너진 가격선을 조금씩 회복시키면서 회사 매출도 오르기 시작했다.

물론 이 과정이 순탄했던 것만은 아니다. 어쩌면 기존에 관행처럼 되풀이되오던 일에 도전장을 내미는 일이다보니, 판매자들의 반발도 극심했다. 일부 판매자들은 고성과 욕설을 섞어가면서 불만을 토로하기도 했다. 하지만 옳다고 믿는 일을 추진할 때는 단호해야 한다.

"대표님, 자꾸 고집만 피우신다면 저희가 법적 조치를 할 수밖에 없습니다. 가격 조정으로 생긴 재고가 있다면 저희가 반품 처리해드릴게요."

재고 반품 조건으로 가격 정상화를 추진했던 전략은 유효했다. 이때 흥분하며 대응했던 판매자들도 이후 사과 전화를 해왔다.

당시 시도했던 또 하나의 실험은 지역 판매 독점권을 없앤 것이다. 브랜드 상품 중에는 지역에 판매 독점권을 주는 경우가 있는데, 당시 우리 회사 제품은 독점권을 준 효과가 제대로 나타나지 않아 서울 경기권의 허물을 없애고 모두가 제품을 동등하게 팔 수 있도록 했다. 이로써 새로운 영업 방식이 도입되고 상호 건전한 경쟁이 생기면서 신규 지사 개설이라는 성과로 이어질 수 있었다.

본사에서는 부진한 매출로 원가 대비 높은 공급가에 판매되는 악순환을 끊겠다고 선언했다. 계속 강조하지만 비싼 화장품을 더 싸게 파는 것만으로는 브랜드는 성장하지 못한다. 비싸도 잘 팔리는 브랜드로 만드는 것이 마케터와 브랜드 관리자이 풀어야 할 숙제다.

때로는 손해를 감수해야 한다

결국 이러한 믿음을 갖고 함께 갈 수 있는 파트너를 얼마나 많이 확보하느냐가 브랜드 성장의 핵심이다. 나는 교육강사 출신의 장점을 살려 지사 대표들에게 꾸준히 설득을 했고 그 결과 매출을 성장시킬 수 있었다. 물론 이 과정에서 양보 없이 요구만 해서는 효과가 나타나지 않는다. 우리 회사는 지사들의 기존 재고는 손해를 보면서 기꺼이 팔도록 유예기간을 둠으로써 지사들의 생존을 도왔다. 이렇듯 양보와 협력의 리더십을 통해 브랜드는 조금씩 앞으로 성장하게 되는 것이다.

어떤 사람의 영업 경쟁력을 말할 때 '얼마나 많은 거래처가 있는지'를 보는 것도 그 때문이다. 화장품 매출에서 중요한 포지션으로 '영업'을 꼽는 것도 그 때문이다. 생각해보면 아무리 좋은 제품을 갖고 있다고 해도, 이를 판매할 곳이 없다면 무용지물이다. 좋은 제품이 영업력이 부족해서 묻히는 경우는 있어도 그 반대의 경우는 드물다. 평범한 제품력을 가진 화장품도 탄탄한 영업망을 통해서 매출에 날개를 달 수 있다.

화장품 판매는
영업이 8할이다

마케팅이 중요한 시대라는 건 인정한다. 하지만 여전히 에스테틱 브랜드에 있어서 중요한 건 판로이다.

제품은 차고 넘치는 시대, 이 제품을 팔아줄 유통망을 확보하지 못하면 마케팅과 프로모션을 해도 언 발에 오줌누기식이 될 수 있다고 생각한다. 화장품 마케팅의 핵심은 다름아닌 탄탄한 판매처인 것이다.

영업력이 뒷받침되지 않는 상품들

어떤 사람의 영업 경쟁력을 말할 때 '얼마나 많은 거래처가 있는지'를 보는 것도 그 때문이다. 화장품 매출에서 중요한 포지션으로 '영업'을 꼽는 것도 그 때문이다. 생각해보면 아무리 좋은 제품을 갖고 있다고 해도, 이를 판매할 곳이 없다면 무용지물이다. 좋은 제품이 영업력이 부족해서 묻히는 경우는 있어도 그 반대의 경우는 드물다. 평범한 제품력을 가진 화장품도 탄탄한 영업망을 통해서 매출에 날개를 달 수 있다.

누군가 화장품 브랜드를 하나 만들겠다고 하면, 그 사람은 창업 후 약 반년 동안은 매출이 없을 각오를 하고 시작해야 한다. 이때 중요한 것이 사장의 역량이다. 처음부터 모든 인력을 구축해서 시작할 수 없는 만큼, 창업자가 웹디자인과 상품 콘텐츠, 홈페이지 관리와 광고 등에 관한 지식을 갖고 일당백의 역할을 하는 것과 그렇지 않은 것은 하늘과 땅 차이다. 절대로 무의미한 시도처럼 보이는 창업을 해서는 안 된다.

그래서 다시 강조하건대 본인의 역량과 시기가 충분히 무르익었다고 판단될 때 창업을 하는 것이 좋다. 간혹 창업하기 너무 좋은 기회를 놓치는 것 같은, 다시는 이런 기회가 안 올 것 같은 때가 있다. 하지만 기회는 또 온다. 냉정하게 자기 분석을 해보고 현재 무엇이 부족한 지를 파악하고 이를 메꾸기 위한 노력을 미리 해야 한다. 동종업계에서 일하는 사람이라면, 최대한 현재 회사에 몸담고 있는 동안 이를 내 것으로 만들 필요가 있다.

월급을 받으면서 공부할 수 있는 기회는 흔치 않다.

팔로우 숫자에 집착하지 말자

처음 사업을 시작한 대표님들께는 항상 하는 얘기가 있는데 그것은 바로 '팔로워 수에 집착하지 마시라'는 것이다.

특히 상대적으로 가격대가 있는 상품을 파는 사업자들은 유명 인플루언서나 팔로우 수가 많은 계정에서 광고를 하려고 한다. 하지만 오히려 금액대가 큰 상품일수록 해당 상품에 맞는 고객을 찾는 것이 중요하지, 절대적인 팔로우 수치에 매달려서는 안 된다.

단순히 1만 명인 계정에 광고를 하는 것보다, 단 100명을 모으더라도 우리 브랜드의 전문성을 보여주는 계정으로 차근차근 키워나가자. 내가 평소에 흔히 하는 얘긴데 '전문성은 결코 싸게 얻을 수 없다'는 것이다. 진정성 있는 콘텐츠로 승부하는 것이 좋다.

인스타로 제품을 판매할 때 주의할 점

요즘은 화장품 판매를 할 때 SNS 계정을 운영하는 것이 필수다. 그런데 많은 판매자들이 계정 피드에 처음부터 제품 정보를 올리려고 한다. 우리 제품을 한시라도 빨리 알리고 싶은 마음

많은 판매자들이 계정 피드에 처음부터 제품 정보를 올리려고 한다.
우리 제품을 한시라도 빨리 알리고 싶은 마음은 이해하지만, 마케팅 전략으로는 적절치 않다. 처음에 해야 할 일은 브랜드에 대한 스토리부터 다잡아나가자. 사진은 화장품 브랜드 스토리를 올린 카드 뉴스의 사례이다.

은 이해하지만, 마케팅 전략으로는 적절치 않다. 처음에 해야 할 일은 브랜드에 대한 스토리부터 다잡아나가자. 나는 카드뉴스를 통해 브랜드 스토리를 고객에게 알리는 방식을 추천한다.

처음 마케팅을 시작할 때는 제품 수가 적어도 괜찮다. 너무 많은 제품을 선보이는 것보다는 주력하는 제품 1~2개에 집중하는 것이 더 나은 성과를 거둘 수 있다. 그렇게 1차 판매에 성공한 이후 2차 판매 시도에서 구성을 다양하게 변주한 뒤 이 판매 통계를 토대로 제품 하나에 집중하는 것이 좋다.

이미 자리를 잡은 브랜드의 경우

신생 브랜드와 달리 시장에 자리를 잡은 브랜드 대표님의 관심사는 "매출 극대화"일 것이다. 처음에 어느 정도 오르던 매출이 어느 순간부터 정체되면 대표님 입장에서는 조바심이 나서 자꾸만 마케팅 화력에 기대게 된다. 더 많은 팔로우 숫자를 지닌 인플루언서를 찾게 되고, 예산이 더 큰 광고채널에 눈길이 간다. 하지만 이 때가 조심해야 할 때이다.

기존 브랜드는 신상품을 선보이는 것도 중요하지만, 그에 앞서 '상품기획'을 잘하는 것이 더 중요하다. 우리 회사 상품이 인스타그램에 어울릴지, 아니면 유튜브로 홍보하는 게 나은지를 먼저 생각해보자. 생각날 때마다 제품 사진을 찍어서 올리는 게 마케팅은 아니다.

뷰티숍 사장님들을 위한
마케팅 노하우

개인 숍을 운영하는 원장님들의 경우는, 인스타그램 운영 방법이 잘못된 경우가 많다. 수백만 원에 달하는 광고 교육을 듣고 직접 SNS 계정을 운영하시는데 대부분은 제품 정보와 원장님 일상을 섞어서 피드에 올리는 식이다.

SNS에 개인 피드백은 지양해야

하지만 이는 인플루언서에 대한 오해에서 비롯된 실수다. 인스타그램으로 상품을 접하는 고객이 궁금한 게 '원장님의 일상'일까? 그렇지 않을 것이다. 오히려 숍을 바라보는 고객의 관점에서는 시술 가격이 얼마인지, 관리를 어떻게 해주는지, 어떤 제품을 쓰는 지가 궁금할 것이다.

이를 정보성 포스팅으로 올려야 한다. 특히 인스타그램 피드 게시글의 경우, 지나치게 규칙에 의존하기보다 숍의 일상을 자연스러운 활동으로 보여주는 것이 중요하다는 점 명심하자.

고객이 '특별함'을 느낄 수 있도록 하라

에스테틱 숍을 운영하는 분들 중 고가의 화장품을 추천할 때, 고객이 망설이는 모습을 보는 경우가 있다. 특히, 동일한 성분이 들어 있는 저렴한 제품이 시중에 많다면, 고객은 자연스럽게 "왜 이 제품이 더 비싼가요?"라고 묻게 된다. 하지만 가격 차이를 단순히 '고급 원료' 때문이라고 설명하는 것만으로는 부족하다. 고객이 진짜로 원하는 것은 특별한 제품을 사용하는 특별한 경험이기 때문이다.

고객이 에스테틱에서 제품을 구매하는 이유는 단순히 피부관리를 위해서가 아니다. 그들은 자신이 '남들과 다른 맞춤형 솔루션'을 제공받고 있다고 느낄 때 더 큰 만족감을 얻고, 제품을 신뢰하게 된다. 따라서 판매 전략에서도 단순한 제품 설명이 아니라, 고객이 특별함을 느낄 수 있는 사용법과 목적을 강조해야 한다.

고객이 '특별한 제품'을 경험하도록 하라

많은 에스테틱 숍에서 흔히 하는 실수는 제품의 효능과 성분을 강조하는 데 집중하고, 사용법은 너무 단순하게 설명하는 것이다. 하지만 고객이 프리미엄 제품을 선택하는 이유는 '비싼 성분' 때문이 아니라, 자신의 피부에 맞는 특별한 효과를 기대했기 때문이다.

예를 들어, 한 고객이 순환을 촉진하는 마스크팩을 구매한다고 가정해 보자. 일반적인 제품 설명은 아래와 같다.

"이 마스크팩은 세럼 단계에서 사용하시고, 15분 후 제거하시면 됩니다."

이렇게 말하면 고객은 '이 제품이 다른 마스크팩과 다를 게 없다'고 느낄 수밖에 없다. 하지만 특별한 사용법을 제시하면 고객의 반응이 달라진다.

"이 마스크팩은 피부 순환을 촉진하는 기능이 있기 때문에, 단순히 얼굴에만 바르시는 것보다 목 아래부터 바르시면 더욱 효과적입니다. 특히, 목에는 림프 순환을 촉진하는 주요 지점이 있기 때문에, 여기서부터 사용하시면 피부의 열을 효과적으로 낮추는 데 도움이 됩니다."

이처럼 제품의 기능을 고객의 피부 고민과 연결 지어 설명하면, 고객은 '이 제품이 나에게 맞는 특별한 제품'이라고 인식하게 된다.

'제품의 가격'이 아니라 '사용 목적과 효과'를 강조하라

많은 고객이 동일한 성분을 가진 저렴한 제품과 비교하면서, 가격 차이에 의문을 갖는다. 예를 들어, 아줄렌 성분이 들어 있는 젤을 판매할 때, 고객은 이렇게 질문할 수 있다.

고객: "이 제품이랑 비슷한 게 시중에서 3만 원에도 팔던데요?"

이때 단순히 "저희 제품은 고급 원료를 사용해서요."라고 답하면, 고객은 쉽게 설득되지 않는다. 대신, 제품의 사용 목적과 기능이 다름을 강조하자.

"고객님, 저희 제품은 고급 원료를 사용해서 가격이 높습니다."(X)

"저렴한 제품도 열을 낮추는 기능은 있지만, 단순히 피부 표면 온도를 낮추는 정도입니다. 하지만 고객님의 피부 열이 올라가는 이유는 혈관이 확장되면서 발생하는 자극 때문이므로, 단순한 쿨링 효과가 아니라, 혈관을 수축시키는 성분이 포함된 제품을 사용하셔야 피부 진정이 더 오래 지속됩니다."

이렇게 설명하면, 고객은 단순한 가격 비교에서 벗어나, 자신의 피부 상태에 맞는 제품을 선택해야 한다는 점을 납득하게 된다.

고객이 '자신의 피부는 특별하다'고 느끼게 하라

백화점에서 10만 원짜리 크림을 구매하는 고객은, 단순히 성분 때문이 아니라 '내 피부는 특별하기 때문에 좋은 제품을 써야 한다'고 믿기 때문이다.

고객이 5천 원짜리 제품을 선택하지 않는 이유는, 그 제품이 품질이 나빠서가 아니라 '내 피부에는 더 나은 관리가 필요하다'고 생각했기 때문이다. 그렇다면, 에스테틱에서 제품을 판매할 때도 고객이 자신의 피부를 특별하게 인식할 수 있도록 유도해야 한다.

"고객님의 피부는 자극을 쉽게 받으시는 타입이기 때문에, 단순히 쿨링 효과만으로는 충분하지 않습니다. 이 제품은 혈관을 안정화시키는 성분이 포함되어 있어서, 장기적으로 피부 열이 쉽게 오르는 것을 방지하는 데 도움이 됩니다."

이처럼 고객의 피부 고민과 제품의 기능을 연결 지어 설명하면, 고객은 제품을 단순히 화장품이 아니라 자신을 위한 맞춤형 솔루션으로 받아들이게 된다.

고객이 자신의 피부를 특별하다고 느낄 수 있도록 맞춤형 설명을 제공해야 했한다. 단순한 제품 판매가 아니라, 고객의 피부 문제를 해결하는 솔루션을 제공한다는 마인드를 가져야 한다. 고객은 '비싼 제품'이 아니라 '나에게 맞는 특별한 제품'을 원한다.

에스테틱 숍에서 제품을 판매할 때, 가장 중요한 것은 가격이 아니라 가였다. 고객은 단순한 제품을 사는 것이 아니라, 자신의 피부를 위한 특별한 경험과 해결책을 원하기 때문이다.

제품의 차별점을 강조하는 것보다, 고객이 특별한 사용법을 통해 효과를 체감할 수 있도록 하자. 고가 제품과 저가 제품의 단순한 가격 비교가 아니라, 사용 목적과 효과의 차이를 강조해야 한다. 고객이 '내 피부에는 이 제품이 필요하다'고 느낄 수 있도록, 맞춤형 솔루션을 제공해야 한다.

이렇게 하면, 단순히 제품을 파는 것이 아니라, 고객과의 신뢰를 구축하고 장기적인 고객 관계를 형성할 수 있다. 고객이 '이 제품이 나에게 꼭 필요한 제품'이라고 느낄 때, 자연스럽게 매출도 증가하게 된다는 점도 기억하자.

단기적으로 보면 일을 잘하는 사람이 성공할 것 같다.
하지만 장기적으로 보면 일을 좋아하는 사람이 성공하게 마련이다.

좋아하는 일을 하라,는 말에 대하여

　화장품 판매를 하는 분들 중에는 화장품이 좋아서 시작한 경우가 많다. 흔히 좋아하는 일보다 잘하는 일을 하라고 한다. 좋아하는 일을 잘하는 사람이라면 더할 나위 없을 텐데, 좋아하긴 하는데 잘하지 못하는 사람들은 어떻게 해야 할까?
　그럼에도 불구하고 나는 좋아하는 일을 하는 게 맞다고 생각한다. 좋아하는 일을 할 때는 지치지 않고 오래할 수 있고, 누구보다 창의적으로 그 일을 할 수 있기 때문이다.
　잘하는 일을 하는 사람은 발전과 성장의 목표가 높지 않을 수도 있다. 왜? 원래부터 그 일을 잘했기 때문에. 안 그래도 잘하고 있는데 굳이 더 잘하려고 할 필요가 있을까? 하지만 좋아하는 사람은 다르다. 지금 하는 일을 잘하든 못하든, 내일은 지금보다 더 잘하고 싶은 마음에 노력하고 도전한다. 이유는 단순하다.

그 일이 재미있으니까! 좋아하니까!

좋아하는 일을 성공할 가능성이 높다

아무리 재능이 출중한 사람이라도 자신이 관심이 없는 분야에 놓여지면 일을 잘 할 수 있을까? 예를 들어 내 경우는 화장품을 너무 좋아한 나머지 이쪽 업계에서 일하게 된 것인데, 내가 만약 화학이나 제약분야에서 일했다면, 지금처럼 일을 할 수 없었을 거라고 생각한다. 왜냐하면 내가 잘 모르는, 관심이 없는 분야에서는 더 잘해야겠다는 마음이 들지 않기 때문이다.

단기적으로 보면 일을 잘하는 사람이 성공할 것 같다.
하지만 장기적으로 보면 일을 좋아하는 사람이 성공하게 마련이다.

재능보다 호기심이 중요하다.

그래서 공자님은 일찍 "아는 자는 좋아하는 자만 못하다"고

하셨던 게 아닐까. 화장품을 잘 팔기 위한 절대 선결조건을 하나 말하라면 나는 딱 한 가지를 꼽고 싶다. 화장품을 누구보다 좋아해야 한다. 화장품에 관심이 있어서 매일 편집숍에 들러 화장품을 사고, 집에 이미 차고 넘칠 만큼 화장품이 있어도 혹시 뭔가 새로운 게 있을까봐 또 새로운 상품을 사서 써보는 사람. 그런 사람이 이 업계에서 성공할 확률이 높다.

지금 마케팅을 잘하는 사람, 영업을 잘하는 경쟁자, 그리고 돈이 많아서 광고비를 넉넉하게 쓰는 업체를 부러워할 필요가 없다. 만약 당신이 그들보다 더 화장품에 대한 애정이 충만하다면, 누구보다 많은 화장품을 써봤다면, 결국 이 게임은 당신이 이기게 될 것이다.

실패에
대처하는 자세

나는 10년 전 결혼을 하고 아이를 낳고 난 이후에 회사 생활을 처음 쉬었다. 출산 휴가가 아닌 퇴사였다.

어쩌다보니 재취업도 안 되길래 속으로 '이왕 이렇게 된 거 아이나 잘 키우자'면서 마음 편하게 지냈다. 아니, 마음 편하게 지낼 줄 알았다.

그런데 쉬는 게 쉬는 게 아니었다. 육아가 힘들어서가 아니었다. 나에게 육아는 어떠한 성취감도 주지 못했다. 자존감은 하루 아침에 바닥을 쳤고, 아무 것도 할 수 없을 것 같은 마음에 시작한 것이 블로그였다. 일기라도 써서 누군가에게 내 상황을 알리지 않으면 그대로 삭혀질 것 같은 기분이었다.

무엇이든 하면 된다

블로그를 하루하루 시작하는 것만으로 뭐가 달라졌을까? 아무 것도 달라지지 않았다. 내가 쓰는 글은 스스로를 홍보하거나 어떤 의도, 목적을 가지고 쓴 글은 아니었다. 그대로 '경단녀'가 되어 집에서 애를 키우면서 육아 내용을 올리는 주부로 커리어를 마감해야 하는 순간이었다. 결코 그러고 싶지 않은 마음에 필사적으로 글을 올렸다. 누가 읽든 말든, 화장품에 대한 내 열정과 에너지를 다른 사람에게 알리고 싶었다.

그러던 어느 날 블로그를 보고 누군가 연락을 해왔다. 의류 쇼핑몰을 운영하시는 그 대표님은 뷰티 사업으로 확장하는데 카테고리 담당자가 필요하다고 하셨다. 그러면서 나에게 육아를 하며 재택근무 형태로 일을 해볼 생각이 없느냐고 하는 게 아닌가!

두 번 생각할 것도 없이 "하겠습니다!"라고 대답했다. 마치 동굴 속에 오래 갇혀 있다가 한 줄기 빛을 만난 기분이었다. 그동안의 내 경력과는 다른, 교육강사의 일이 아닌 단순 상담과 상품 관리 일이었음에도 나는 일을 마다하지 않았다.

위기를 기회로 알아보는 법

그때도 아무 생각없이 일을 덥석 맡았던 건 아니었다. 그 전까지 뷰티강사로 오래 일했음에도 소비자를 대면한 적이 한 번도 없었기에, 상담이라는 업무를 통해서 고객의 생각을 들어볼 수 있는 기회를 얻었다고 생각했다. 물론 육아를 하면서 재택근무가 가능하다는 점이 가장 마음에 들었다.

나는 쇼핑몰 상세페이지라는 걸 그때 처음 만들어보았다. 그 전에는 내가 교육한 내용으로 오프라인 매장에서 원장님들이 상품을 팔도록 하면 되는, 일종의 치어리더 역할을 했었던 것에서 이제 직접 내 가게에 페인트칠을 하고 간판을 다는 일을 하게 된 것이다. 생동감이 느껴졌고 갑자기 전에 없던 에너지가 솟구치기 시작했다.

이때 상세페이지를 꾸미고 고객이 상품을 주문하는 사이트의 퍼널(funnel)을 설계해본 경험은, 이후 온라인 마케팅에 대한 자신감을 키워주었다.

만약 이때 예전 경력을 떠올리면서 "경력도 못 살리는 알바 같은 일을 왜 해야 하지?"라고 생각했다면, 지금의 나는 없었을 것이다. 심지어 나는 고객과 1:1 전화 상담도 해야 했는데 이때 화장품을 쓰는 고객들이 어떤 감정과 생각을 갖고 있는지 생상

하게 느낄 수 있었다.

상담 과정에서 느꼈던 건, 고객은 내가 예상치 못한 점을 불편해하고 있다는 점이었다.

"세럼은 어떻게 바르는 거예요?"

"크림은 언제 발라야 가장 효과가 좋아요?"

모든 정보를 알아서 비교하고 자신에게 가장 잘 맞는 제품을 찾는 '스마트 컨슈머'의 세상에서도, 화장품 구매 고객들은 여전히 배움과 조언에 목말라했다. 화장품을 제대로 알고 쓰는 고객이 그렇듯 많다는 것은, 반대로 교육강사의 입지와 역할이 여전히 중요해질 수밖에 없다는 뜻이었다.

자존심을 버려라

당시 심지어는 집에서 택배를 싸서 제품을 고객에게 발송하는 일까지 해봤는데, 이때의 경험은 훗날 창고관리를 할 때 매우 유용하게 써먹을 수 있었다.

고객 상담 경험과 마케팅을 덤으로 배울 수 있는 이 일을 나는 1년 넘게 했다. 자존심이 전혀 상하지 않았고 배울 것들이 많아 하루하루 신이 났던 것 같다. 재택근무였지만 일주일에 한 번은 회사에 출근해서 대표님과 1:1로 회의를 하기도 하고, 그때 우리 쇼핑몰에서 팔면 좋은 상품을 대표님에게 제안하기도 했다. 대표님은 단번에 나를 신뢰해주셨고, 재택근무자인 나에게 업무 권한을 상담 부분을 일임하셨다. 사장이 된 지금 입장에서 보면 이런 직원은 아무래도 예뻐 보일 수밖에 없다.

이때의 경험을 실패가 아닌 '성장'으로 볼 수 있는 사람은 오직 나밖에 없다. 외부에서 보기에, 나는 경단녀로 택배 알바를 잠깐 하면서 새로운 직장을 찾는 사람으로만 보였을 것이다. 그건 중요하지 않다. 경험에 의미를 부여하고 가치를 찾는 사람은 제3자가 아닌 바로 나 자신이어야 한다. 그리고 내가 보기에 세상의 모든 경험 중 '실패'라는 건 존재하지 않는다. 내가 그 일을 실패라고 정의내리기 전까지는 말이다.

모든 문제는 받은 것보다
더 주면 해결된다

성공의 가장 쉬운 방정식은 '기버(Giver)'로서 살아가는 것이다. 세상의 모든 비즈니스는 고객이 자신이 낸 것보다 더 많은 가치를 받았다고 해야만 성장한다. 그 말은 서비스를 제공하는 사람은 늘 고객이 낸 비용보다 더 많은 가치를 제공해야 한다는 뜻일 테다. 적어도 고객이 낸 돈보다 더 많은 것을 받았다고 느끼게 해야 한다.

기버로서 살아가기를 습관화하면, 주변 환경이나 조건에 상관없이 늘 관계의 주도권을 쥘 수 있다. 내 경우 육아휴직으로 재택근무 중일 때도, 대표님이 먼저 챙겨주고 늘 존중을 하는 직원으로 평가받을 수 있었다. 보통 육아휴직 중인 사람이 재택근무를 하면 회사 눈치를 보게 마련이다. 재택근무라면 대표의 얼굴도 자주 못 볼 뿐더러, 근무의 성실성을 평가받기도 어렵기 때문이다.

나를 입증할 수 있는 기회

하지만 나는 오히려 재택근무가 기버로서 나를 입증할 기회라고 생각했다. 당시 매주 1회 출근이 근무조건이었음에도 불구하고, 이 규정에 관계없이 회사를 찾아가 대표님께 면담을 요청했다. 그리고 재택근무 중일 때도 내가 생각하는 좋은 아이디어나 마케팅 방안이 떠오르면 편안하게 개인 메시지를 보냈다. 이렇게 먼저 적극적으로 일해주는 직원이 있다면 대표 입장에서는 그 직원을 신임할 수밖에 없다. 그리고 나는 퇴사를 한 이후에도 이 대표님과 계속 좋은 관계를 맺어오고 있다.

손님이 항상 북적이는 매장의 비밀

평소에 출근길에 지나는 옷가게의 예를 들어보려고 한다. 프랜차이즈 옷가게가 아닌 개인이 운영하는 여성복 판매점인 이곳은 주변의 프랜차이즈 여성복 브랜드가 장사가 안 되어 퇴점할 때도 꿋꿋하게 가게를 운영하고 있다. 나는 이 가게를 오래 전부터 유심히 관찰해오고 있었는데, 가게를 지나갈 때마다 매장 안에 손님이 늘 있었다. 겉보기에는 다른 매장에 비해 공간도 넓지 않고 상품 가격이 싼 것도 아닌데 왜 이 가게는 항상 손님이 북적거릴까?

비법은 아주 간단했다. 이 사장님은 매주 금요일이 되면 쇼윈도 앞에 마네킹 옷을 그 주의 날씨에 맞게 바꾼다. 즉, 지나다니는 손님들에게 코디 제안을 한 것이다. 이 코디를 보고 '나도 한번 이렇게 입어볼까?' 하고 매장을 방문하면 그 이후에는 영업이 시작되는 것이다.

"우리 고객님은 쿨톤이 잘 맞으신데 이너웨어를 이런 색으로 매칭해보면 어떨까요?"

여성 고객들은 '감성 터치'에 따라서 구매 의사가 달라진다. 사장님은 매장을 방문한 내게 코디 제안을 하고, 얼굴 피부색에 맞는 색감도 제안해주는 등 세심한 상담을 해주었다. 이렇게 서비스를 받다 보니 딱히 당장 필요한 옷이 없어도 자연스럽게 뭐든 사고 싶어지는 마음이 들었다. 그리고 이렇게 충동구매로 그 가게에서 구입한 옷이 여러 벌이다.

'이런 게 바로 진정한 영업이구나'

사장님의 영업을 보면서 자연스럽게 감탄이 나왔다. 그리고 옷 판매 영업이 그렇다면, 하물며 피부 관리숍 등 서비스가 핵심 상품인 업종은 두 말 할 것도 없이 이런 경쟁력이 필요하다는 생각이 들었다. 우리는 이런 고민을 해봐야 한다.

- 어떻게 하면 고객이 가게 외관만 보고 '이 가게 한 번 들어가보고 싶다'는 마음이 들게 할까?
- 어떻게 하면 매장에 들른 손님이 매장에 오래 머물도록 할 수 있을까?
- 어떻게 하면 매장에 오래 머무른 손님이 서비스를 받고 싶게 만들까?

이 3가지 고민을 하면서 어떻게 하면 고객에게 '하나라도 더 줄까' 하고 고민하는 과정에서 매출은 자연스럽게 늘어날 것이다. 내 경험이 그렇고, 주변에 코칭을 해준 사장님들의 사례가 그렇다. 돈이 안 되는 상품이 팔린다고, 서비스를 받을 고객이 아니라고 손을 놓고 있지 말자. 기버(giver)로 최대한 빠르게 전환될수록, 사장님의 매출이 증대되는 시점도 빨라질 것이다.

배움은 최고의 동기부여다

사람은 대개 어떤 문제에 답이 존재하길 바란다. 취업이 안 되면 영어실력 때문이라거나, 결혼에 실패하면 결혼자금이 부족했기 때문이라고 생각하는 식이다. 인간은 원래 합리화가 필요한 존재이기 때문이다. 하지만 나는 사람은 백이면 백 다 다르기에 슬럼프나 실패의 상황에서 어떻게 반전을 만들어나가느냐에 대해서는 답이 없다고 생각하는 편이다.

스스로 만든 편견을 깨라

내가 힘이 든 게 단순히 피곤하기 때문이라고 생각하면 무조건 쉬어야 할까? 아니면 남들이 하듯이 해외여행을 다녀오면 잠깐 환기가 될까. 그런 사람도 있겠지만 아닌 사람도 많다. 충분히 쉴 만큼 쉬고, 여행을 다녀와서도 우울해하는 사람이 많다는 뜻이다. 나 역시 그랬고, 그럴 때 괜히 유튜브에서 '동기부여 영상'을 찾아서 보면서 억지로 자기 위로를 하는 것이 별로 효과가 없었다.

내가 봐왔던 여러 슬럼프의 요인들 중에는, '자기 만족감'이 없는 경우가 많았다. 몸이 피곤하거나 잠깐 쉼이 필요한 경우도 있었지만, 대부분은 "이 일을 왜 해야 하는지 모르겠다"거나 "일에서 큰 보람과 의미를 찾을 수 없다"고 하는 경우였다. 그럴 때는 주변에 아무리 상담과 조언을 구해도 답이 나오지 않을 때가 많다. 왜 그럴까? 자기 스스로에게 동기부여를 해줄 사람은 나밖에 없기 때문이다. 주변인들의 조언은 말 그대로 참고만 해야 한다.

성취감은 우리가 일을 하는 중요한 동인이기 때문에, 슬럼프에 빠진 이유가 일의 회의감 때문이라면, 일단 바닥을 친 자존감을 회복하는 것이 순서다. 일에서 보람과 만족이 없다는 것은 자기 존중과 보람감을 못 느낀다는 뜻이기 때문이다. 그런데 일을 이미 그만둔 상태라면, 어떻게 하면 자존감을 회복할 수 있을까? 나는 그에 대한 답 역시 '배움'에 있다고 생각한다.

배움의 대상은 거창할 필요가 없다.

 자격증 공부나 영어 공부만으로 충분하다. 내 자신감이 제로 상태라면 이 자신감을 10% 끌어올리는 걸 1차 목표로 무엇이든 도전해보자. 내가 아는 후배의 경우 평소 운동을 전혀 안 했는데 휴직 기간에 스케이트를 배우고 자신감이 올라가 이직에 성공했다.
 '정말 겨우 그런 걸로 동기부여가 될까?'
 미리 짐작하고 편견을 갖지 말자. 막상 경험해보면 경험하기 전과 차이가 크니까 말이다. 그런 배움이 나에게 잘 맞을지도 미리 생각할 필요가 없다. 한 마디로 아무 생각 없이 그 일에 도전해보는 태도가 중요하다. 이 과정에서 뜻대로 배움의 효과가 나타나지 않을 수도 있겠지만, 대개는 새로운 분야의 성취감을 조금이라도 느끼게 되어 있고 자신감을 더 끌어올릴 수 있다.

슬럼프에 빠지면 더 배워야 하는 이유

 회사를 경영하면서 면접을 볼 일이 많다보니, 일반 직원이었을 때와는 조금 다른 기준으로 사람을 보기 시작했다. 그 중에서도 '이 사람은 쉴 때 뭘 했을까' 역시 궁금해지는 대목이다. 예를 들어 어떤 사람이 1년을 쉬었다면, 단순히 아무 것도 안 하면서 1년을 보낸 건지, 그 시간을 활용해서 재충전을 하면서 무언가를 배웠는지를 꼭 확인한다.

예컨대, 캐나다로 여행을 가더라도 1년 짜리 단기 어학연수 코스나 교양 학사 과정을 이수하는 식이다. 꼭 졸업을 못하더라도 이렇게 경험을 조금이라도 더 쌓으려고 하는 사람이라면 어떤 일을 해도 성공할 수밖에 없을 것이다. 가만히 있지 말자. 휴직 기간이라고 해도 나에게 주어진 시간이라는 자원을 최대한 활용해야 한다. 억만장자들은 돈으로 시간을 살 수 있다면 얼마든지 돈을 지불하겠다고 말한다. 그만큼 시간은 돈 못지않게 중요한 자원이기 때문이다.

그럼 하루 8시간씩 일을 하지 않아도 되는 이 시기라면, 공부를 하기에 더없이 중요한 때가 아닐까? 단순히 다른 직장을 알아보기 위해 전전긍긍하기보다는 나라는 사람의 콘텐츠를 재충전하는 시간으로 삼고 차라리 1년 동안 공부를 해보면 어떨까. 실제로 내 주변에서 성공한 여성들은 이런 식으로 자계기발에 열심이고 시간을 아껴쓰는 걸로 유명하다.

시간은 항상 돈이다. 퇴사 이후를 시간이라는 자원으로 나를 업그레이드할 수 있는 시간으로 삼자. 그리고 무엇이든 배우자. 하다 못해 집 근처 문화센터에서 뜨개질을 배우는 것도 좋다. 이렇게 끊임없이 무언가를 배워나가면서 나를 더 성장시키고 더 좋은 일자리를 얻을 기회가 반드시 찾아온다.

기회를 기다리며
실력을 쌓아나가는 것

SNS가 나오기 전까지만 해도 에스테틱 브랜드에서 화장품 교육 강사는 '인플루언서'였다. 교육 강사의 말 한 마디에 따라서 상품 매출이 달라졌기에 교육 강사는 화장품 마케팅에 있어서 필수 인재라고 평가받던 시대였다.

하지만 유명인들이 팬덤을 활용해 화장품을 팔기 시작하면서 화장품 교육 강사는 서서히 밀려나기 시작했다. 인플루언서를 교육하는 역할로 바뀌긴 했지만 상품 정보 위주의 교육을 하던 강사들은 시장에서 불필요한 존재로 인지되기 시작했다. 그러다보니 젊은 신입 강사가 양성되지 않고, 업계에서는 기존에 경험을 가진 경력자 위주의 강사들이 일부 에스테틱 브랜드에서 활동하고 있는 상황이다. 나 역시 어쩌다보니 이 시장의 '고인물'

이 되어버린 느낌이 들 때가 있었다.

10년 차에 찾아온 위기

이런 상황에서 일부 강사들은 다른 직업을 찾거나, 화장품 판매영업으로 직무를 바꾸는 등 포지션을 정리하기 시작했다. 화장품 교육강사는 더 이상 메리트가 없다는 인식이 업계에 퍼지기 시작했다. 그러면서 자연스럽게 강사의 연봉도 낮아지기 시작했다. 특히 화장품 브랜드를 창업한 젊은 스타트업 대표들은 나이 많고 노련한 화장품 교육강사들의 존재에 의문을 표시하기도 했다.

나 역시 10년 차에 이런 위기가 왔다. 연봉은 4~5천만 원대 중반 정도에 멈춰 있었고, 주변에서는 스카우트 제의가 점점 줄기 시작했던 시기다. 속으로 '일을 그만둬야 하나'라는 생각을 안 했다면 거짓말일 것이다. 하지만 나는 그냥 묵묵히 그 시기를 버티는 것밖에는 할 수 있는 일이 없었다.

위기는 항상 기회다

그러나 시대는 변한다. SNS의 인기로 화장품 판매가 급증했지만, 고객들은 여전히 다양한 기능을 가진 화장품을 원했고, 새로운 기능성 화장품을 잘 쓰는 방법을 누가 가르쳐주길 원했다. 화장품 사용법에 관한 유튜브 영상이 폭증한 것도 이런 시장의 니즈가 여전히 살아 있음을 보여주는 증거다. 판매에 집중한 인플루언서들은 정작 고객이 "그런데 이 화장품 어떻게 써야 효과가 제일 좋아요?"라고 물어보면 답을 하지 못했다.

상황이 이렇게 흘러가면서 브랜드 측에서는 자사의 화장품을 인플루언서 등 판매자에게 교육할 필요성을 다시 한 번 느끼기 시작했고, 화장품 교육강사의 수요가 올라갔다. 그러나 시장에는 이미 교육강사의 공급이 부족했던 상황, 이때 나를 비롯해 꾸준히 자리를 지키고 있던 강사들이 그야말로 빛을 발한 시기였다. '고인물'인줄 알았던 강사들이 업계의 에이스가 된 것이다.

나 역시 이 시기에 프리랜서로 활동하며 여러 기업에 자문을 해주었다. 굳이 한 기업에서 오래 일할 필요가 없이, 화장품 교육을 필요로 하는 기업에 출장을 다니는 식으로 3~4군데 회사에서 일을 할 수 있었고 이 시기에는 직전 회사 연봉의 2배 이상의 수입을 올릴 수 있었다.

중요한 것은 내가 흐름을 잘 타서 수입이 늘었다는 게 아니다. 이런 변화의 시기에도 수많은 대표님들의 '러브콜'을 받을 수 있었던 것은 내가 시대의 변화에도 내가 하는 일에 확신을 갖고 같은 자리를 지키고 있었고, 여러 대표님들과의 관계에 있어서 신뢰를 잃지 않았기 때문이다.

한결같은 신뢰의 힘

사람은 잘 나갈 때나 그렇지 않을 때 한결같기란 어렵다. 특히 주변 사람들과의 관계에 있어서 소위 잘 나갈 때는 쉽게 요청을 거절하게 된다. 하지만 나는 늘 한결같은 마음으로 대표님들과 관계를 이어나갔고, 이런 신뢰를 통해 시대의 변화 시기에 '독립 컨설턴트'로 일을 할 수 있었다. 특히 중요한 것은 지금 내가 하고 있는 일에 대한 확신과 믿음이다.

유행은 앞으로도 변할 것이고, 기회는 나타났다가 빠르게 사라질 지도 모른다. 이런 상황에서도 흔들림없이 자기 위치를 지킬 수 있는가. 만약 이런 고집과 믿음이 있다면 타고난 천재가 아니라도 반드시 기회는 오게 되어 있다. 그 기회를 기다리며 자기 실력을 조금씩 키워나가는 노력은 각자의 몫이다.

| 에필로그 |

누구나 결국 해내는
사람이 될 수 있습니다

나는 남들보다 특별한 재능이 있었던 것도, 대단한 학력을 지닌 것도 아니었다. 위대한 야망을 품고 살아온 것도 아니었다. 그저 평범한 사람이었지만, 끊임없는 경험과 도전을 통해 나만의 길을 찾아냈던 것 같다. 표현이 서툴렀던 나조차도, 시간이 흐르며 "결국엔 해내는 사람"이라는 말을 듣게 되었다.

내가 이 책을 통해 전하고 싶은 메시지는 단순하다.

여성의 몸으로 출산을 했거나, 주변 환경이 불안정하거나, 막연한 두려움 때문에 한 걸음도 떼지 못하는 예비 사업가들, 혹은 이미 샵을 운영하고 있지만 불안한 마음으로 하루하루를 버

텨내고 있는 대표님들께 작은 용기와 실질적인 도움이 되길 바래서다.

"아이가 크면 시작해야지."
"나는 아직 어리니까 사업하기엔 이를 거야."
"경기가 안 좋아서 고객들이 더 이상 고가의 티켓팅을 하지 않아."

사업을 하다보면 이런 생각들이 우리의 발목을 붙잡을 수도 있다. 하지만 생각만 하고 주저하기보다, 몸으로 부딪히며 경험해 보는 것이 더 중요하다. 피부관리실을 운영하는 원장님들은 경영보다는 기술을 익히는 데 집중해 왔기에, 사업을 시작하는 과정에서 더 큰 두려움을 느낄 수밖에 없다.

그러나 고객을 대하는 방법, 경쟁 샵과 차별성을 가질 수 있는 전략, 그리고 내 샵의 가치를 키워나가는 방법은 경험 속에서 배울 수 있다.

이 책이 당신의 고민을 덜어주고, 스스로의 가능성을 믿을 수 있는 작은 계기가 되길 바란다. 나의 경험이 누군가에게 용기와 실질적인 도움이 된다면, 그것만으로도 이 책을 쓴 보람이 있을 것이다.

마지막으로 책이 나오기까지 애를 써주신 출판사 편집자들에게 감사의 말을 전한다.